Elisabeth Stahlschmidt / Ursula Imhof

7 Jahre ohne meine Kinder

Wenn Gott auf krummen Zeilen gerade schreibt

Schulte & Gerth

Alle Geschichten, die am Ende dieses Buches erwähnt werden,
sind derart verfremdet worden,
dass sie mit real lebenden Personen keinerlei Gemeinsamkeit mehr haben.

Außerdem geht unser herzlicher Dank an Ursula Imhof.
Ohne ihre einfühlsame Mithilfe wäre dieses Buch nicht zustande gekommen.

Best.-Nr. 815 680
ISBN 3-89437-680-5
1. Auflage 2000
Umschlaggestaltung: Ursula Stephan
Umschlagfoto: privat
Fotos im Text: privat/SaM-Sascha Müller-Harmsen
Satz: Die Feder GmbH, Wetzlar
Druck und Verarbeitung: Schönbach Druck
Printed in Germany

Vorwort

Seit nunmehr fast vier Jahren bin ich als *Jesu-Weg-Schwester* mit Schwester Elisabeth unterwegs. Zum einen erlebe ich als ihre Leiterin und Verantwortliche, zum anderen aber auch als Freundin und Seelsorgerin, wie Gott auf krummen Zeilen gerade schreibt – wie er aus einer Unheilsgeschichte eine Heilsgeschichte macht.

Während dieser vergangenen Jahre haben wir neben unserem Dienst in unserem Lebens- und Tagungszentrum *Schloss Craheim* gemeinsam auf schier unzähligen Frauenfrühstückstreffen und in zahlreichen Gemeinden gesprochen und immer wieder begegneten uns dort dieselben Fragen: „Ist eine Ehe zwischen Christen und Moslems möglich?" und „Gibt es überhaupt einen Unterschied zwischen Christentum und Islam?" Ja, wir waren aber auch erstaunt, wie viele Frauen das Schicksal von Schwester Elisabeth teilen. Dies bewegt uns oft sehr und gerade deshalb und auch weil die oben erwähnten Fragen immer wieder gestellt werden, ist dieses zweite Buch entstanden.

Wenn ich nun so zurückdenke, sehe ich vor meinem inneren Auge viele Gesichter von Männern und Frauen, durch die ich gelernt habe, wie Gott sich auch und gerade im Leid und in der Sehnsucht finden lässt. Dies alles erfüllt unsere Gebete mit Dankbarkeit und Vertrauen, mit Hoffnung und Liebe. Dankbarkeit, weil wir glauben, dass Gott einen Plan für unser Leben und das Leben von Elisabeths Kindern hat, die mittlerweile beinahe schon zu den Kindern der gesamten Schwesterngemeinschaft geworden sind. Außerdem geben wir die Hoffnung nicht auf, dass Yosef, Nadiah, Salem und Hannaa eines Tages für ihre eigene Entscheidung frei sein werden. Und nicht zuletzt veranlasst uns unsere Liebe zu ihnen, sie tagtäglich immer wieder neu zu segnen.

Vor einiger Zeit schrieb mir Schwester Elisabeth folgenden Brief:

Selbstverständlich habe ich hier ein neues Zuhause. Wenn ich meine Schwestern nicht hätte, wenn sie nicht erlaubt hätten, dass ich auch eine von ihnen sein darf, dann wäre es jetzt sehr traurig in mir. Denn dann wäre ich nicht etwa nur heimatlos, sondern auch noch obdachlos. Schließlich kann man doch nur dort ein Dach über dem Kopf haben, wo es einen auch wirklich beschützt. Es war meine größte Freude, als ich den Ring der Schwestern erhielt – eine von ihnen sein zu dürfen, gleich sein mit denen, die sich Jesus als Gleiche erwählt hat. Das ist ein hoher Anspruch und fast nicht zu erfüllen. Aber er, der uns so sehr liebt, füllt all unseren Mangel aus und ergänzt, was fehlt. Es ist wie ein Wunder, es ist so wie Weihnachten jeden Tag neu!

All denjenigen, die gerne noch mehr über Schwester Elisabeth und ihre Beweggründe, ihre Kinder nicht noch einmal aus Ägypten zu entführen, erfahren möchten, wünsche ich viel Freude beim Lesen. Vielleicht kann auch Ihnen dieses Buch dabei helfen, mit Ihren eigenen Problemen besser fertig zu werden und sie in die richtige Perspektive zu rücken – in die Perspektive Gottes.

Schwester Lore Scheurer

Prolog: Was bisher geschah

1980, nach dem erfolgreichen Studium der Zahnmedizin, trat Elisabeth Stahlschmidt dem Orden der Ursulinen bei. In der Mission in Botswana arbeitete sie zunächst im Krankenhaus. Als Kieferchirurgin konnte sie aber während dieser Zeit nie so richtig in die Ordensgemeinschaft einfügen. Deshalb trat sie nach einiger Zeit des Prüfens wieder aus und lernte wenig später Hussein, den neuen Chefarzt des dortigen Krankenhauses, kennen und lieben.

Das Paar wusste von Anfang an um die Schwierigkeiten einer Beziehung zwischen zwei Kulturen, aber sie akzeptierten sich so, wie sie waren – er ein gläubiger Moslem, sie eine praktizierende Katholikin. Und wegen ihrer großen Liebe zueinander erschien beiden ein Scheitern ihrer Beziehung praktisch unmöglich. Also heirateten sie und schlugen die Warnungen von Seiten ihrer Verwandtschaft in den Wind.

Während sie noch in Botswana lebten, waren beide recht glücklich mit ihrer Beziehung, zumal sie nach und nach vier Kinder miteinander bekamen. Erst als sie nach dem Ablauf von Husseins Arbeitsgenehmigung nach Kairo, der Heimatstadt Husseins, umsiedelten, stellten sich die ersten Schwierigkeiten ein. Elisabeth fühlte sich in der 18-Millionen-Metropole einerseits unendlich einsam, andererseits von der riesigen Familie ihres Mannes regelrecht verfolgt. Obwohl sie versuchte, sich an die Landessitten und die Einschränkungen durch den Islam zu gewöhnen, fehlte ihr irgendwann die Kraft. Da kam ihr der Golfkrieg und ein Urlaub in ihrer Heimatstadt Oberursel sehr gelegen, um erst mal in Deutschland bleiben zu können.

Doch hier fand Hussein trotz seiner sehr guten Ausbildung

als Facharzt keine adäquate Stelle, worunter er sehr litt und immer wieder auf eine Rückkehr nach Ägypten drängte. Aber hiermit war Elisabeth nicht einverstanden, denn sie wollte am liebsten ihre Kinder in einer christlichen Umgebung in Deutschland aufwachsen lassen, als Zahnärztin arbeiten und wieder ungestört ihren Glauben leben können. Deshalb ging Hussein zunächst alleine nach Ägypten zurück. Die Beziehung zwischen den beiden schien zerrüttet und dennoch hoffte Elisabeth weiter zumindest auf einen gemeinsamen Neuanfang in einem Drittland, wie es Botswana bereits gewesen war. Das kam jedoch wiederum für Hussein nicht in Frage.

Im Sommer 1993 fuhr dann schließlich Elisabeth mit ihren vier Kindern Yosef, Nadiah, Salem und Hannaa nach Ägypten, um den Vater zu besuchen und gemeinsam Urlaub zu machen. In der vorletzten Urlaubswoche spitzte sich jedoch die Situation zu und Elisabeth fand nach einem Ausflug in die Wüste einen Zettel vor, auf dem Hussein Folgendes geschrieben hatte: „Ich kann mich von den Kindern nicht trennen. Ich bringe sie in 14 Tagen wieder." Elisabeth war jedoch sofort klar, was diese beiden Sätze wirklich bedeuteten – Entführung und das Ende einer Familie.

Ihre Kinder hat Elisabeth Stahlschmidt danach nur noch einmal wiedergesehen, als sie mit einer Freundin nach Kairo zurückgekehrt war, um sie zu befreien. Doch Hussein, der in dieser Zeit jede Woche die Wohnung wechselte, zerrte die Kinder vor ihren Augen in ein Auto und brauste davon. Auch die anschließenden Vermittlungsversuche der Botschaft oder des Geheimdienstes hatten keinen Erfolg. Während dieser Ereignisse wurde Elisabeth jedoch eines ganz klar: Sie will keine Gewalt anwenden, um wieder mit ihren Kindern zusammen sein zu können. Außerdem wäre es aus ihrer Sicht unzumutbar, dass die Kinder noch ein weiteres Mal das Trauma einer Entführung durchstehen müssen.

Seit dieser Zeit hat Elisabeth Stahlschmidt nur noch sporadisch brieflichen oder telefonischen Kontakt zu ihren Kindern, doch eines ist ihr geblieben, das Gebet und die tägliche Bitte um Gottes Segen für sie.

Rückgabe und Hingabe

Als das Telefon klingelte und ich Yosefs junge Stimme am Apparat hörte, tat mein Herz einen freudigen Sprung, denn es war das erste Mal, dass mich eines meiner Kinder von sich aus anrief. Leider ist es in meiner Familie nicht so wie bei „normalen Familien“, in denen Vater und Mutter gemeinsam mit ihren Kindern an einem Ort leben. Nein, meine vier Kinder wurden mir vor mittlerweile fast sieben Jahren von meinem Mann Hussein entrissen und leben seitdem mit ihrem Vater in dessen Heimat Ägypten, das für mich nun unendlich weit weg ist. Natürlich habe ich mich damals darum bemüht, meine Kinder zurückzubekommen, habe gedroht und gebettelt, geweint und gekämpft, aber letztendlich doch verloren. Und dennoch war und bin ich auf der Gewinnerseite, wenn auch in einem vollkommen anderen Sinn.

„Mutti!“ An Yosefs Stimme hörte ich, dass er längst nicht mehr der kleine Junge war, den ich in Kairo zurücklassen musste, sondern dass er im Begriff war, zu einem jungen Mann heranzuwachsen. Seine Stimme hatte den typisch rauen, sich etwas überschlagenden Klang des Stimmbruchs. Sie war teilweise hart und dunkel, dann wiederum kindlich weich.

„Mutti! Der Papa will wieder heiraten! Hast du gehört, was ich gesagt habe, er will wieder heiraten!“, rief mir diese mir wohl bekannte, gleichzeitig aber auch so fremd klingende Stimme in einem jetzt schon etwas holprigen Deutsch zu. An den Geräuschen im Hintergrund konnte ich erkennen, dass Yosefs jüngere Geschwister Salem, Nadiah und Hannaa ebenfalls anwesend waren.

Dieses Gespräch allein war schon erstaunlich, denn in der ersten Zeit nach der Entführung meiner Kinder durfte ich nicht einmal am Telefon mit ihnen sprechen, geschweige denn sie sehen, und auch später, bei meinen verschiedenen Anrufen, war der Kontakt mehr als spärlich. Und jetzt riefen die Kinder offensichtlich sogar von sich aus an!

Ich schluckte meine Überraschung erst einmal hinunter, zwang mich zur Ruhe und fragte zurück: „Ist das denn sicher? Hat euch euer Vater das genauso gesagt? Und habt ihr diese Frau überhaupt schon einmal gesehen?"

„Nein, das nicht!", erwiderte Yosef. „Aber wir haben Briefe gesehen und ..." Er zählte außerdem noch ein paar Dinge auf, die seiner Meinung nach auf eine erneute Verheiratung meines Mannes hinwiesen.

„Wartet doch erst mal ab!" beschwichtigte ich Yosef und tat so, als wäre es das Selbstverständlichste von der Welt, wenn der getrennt lebende Ehemann erneute Heiratsabsichten hatte. Aber in diesem Moment wusste ich einfach nicht, wie ich mich dazu stellen sollte. War ich denn noch immer gefühlsmäßig an Hussein gebunden?

Ich wollte dieses Thema nicht weiter verfolgen und unterhielt mich noch eine Weile mit Yosef über seine Schule. Er berichtete mir, dass er beim nächsten Zeugnis wieder sehr gute Noten erwarten würde und dass ihm sein Vater versprochen hatte, dass er, wenn er diesbezüglich seine Erwartungen erfüllen würde, während der kommenden Sommerferien zu mir nach Deutschland fahren dürfe. Ich hielt zunächst einmal vor lauter Überraschung die Luft an und dann versicherte ich ihm, dass er bei mir stets willkommen sei.

Anschließend sprach ich noch kurz mit den drei Kleineren und bemerkte traurig, dass sie ihre Deutschkenntnisse fast völlig verloren hatten. Vor allem Hannaa, meine Jüngste, sprach so gut wie kein Deutsch mehr und auch ihre englische Aussprache war nicht besonders gut, obwohl sie – genau wie ihre älteren Geschwister – auf eine englischsprachige Schule ging. Ich machte mir so meine Gedanken, denn sollten die Kinder wirklich einmal zu einer weiterführenden Ausbildung nach Deutschland kommen wollen, würden sie es bestimmt nicht leicht haben. Aber das war noch lange nicht spruchreif.

Außerdem wurde ich das Gefühl nicht los, dass Yosef von Hussein nur deshalb nach Deutschland geschickt werden sollte, um bei mir die Sehnsucht nach den anderen Kindern anzufachen und mich nach Kairo zurückzulocken. Und dahinter steckte sicherlich nicht seine Liebe zu mir, sondern das hatte andere Gründe, unter anderem möglicherweise finanzielle.

Vielleicht steckt Hussein hinter diesem Telefongespräch. Vielleicht will er einfach mal meine Reaktion testen, dachte ich nüchtern, nachdem wir das Gespräch beendet hatten. Der Telefonanruf der Kinder war schon deshalb ungewöhnlich, weil Hussein selbst kein Telefon besaß, mit dem er auch ins Ausland telefonieren konnte. Deshalb mussten die Kinder, wenn sie mich anrufen wollten, erst beim Postamt für eine bestimmte Telefonzeit eine Summe hinterlegen und dann einige Zeit später im Postamt oder bei sich zu Hause das angemeldete Gespräch in Empfang nehmen. Diese umständliche Prozedur hatten sie bestimmt nicht ohne Husseins Wissen und Hilfe hinter sich bringen können. Und außerdem hatte er in der ersten Zeit unserer Trennung die Kinder überhaupt nicht mit mir sprechen lassen, sondern mich nur ab und zu über ihr Befinden informiert. Erst später hatte er dann scheinbar doch eingesehen, dass er es seinen Kindern nicht verbieten konnte, Kontakt zu ihrer Mutter zu haben. Aber alleine hatten sie nie mit mir gesprochen.

Als ich wieder in meinem Zimmer im ökumenischen Lebenszentrum Schloss Craheim saß, wo ich seit einiger Zeit als Schwester lebte und arbeitete, versuchte ich meinen Gefühlen nachzugehen. Was empfand ich bei dem Gedanken, dass Hussein wieder heiraten könnte? War ich wirklich frei von diesem Mann, den ich einmal so sehr geliebt hatte und der für mich die Quelle meines Angenommenseins gewesen war? Oder bestand für mich noch immer eine gewisse seelische Abhängigkeit von ihm? Wir lebten zwar schon etliche Jahre nicht mehr zusammen, waren aber offiziell noch nicht geschieden. Das musste aber nicht unbedingt auch gleichzeitig heißen, dass Hussein mich nicht längst nach islamischem Recht als seine Frau verstoßen hatte. Das war für ihn als Moslem durchaus möglich und üblich.

Es wäre gut für Hussein, wenn er wieder heiraten würde! dachte ich plötzlich und fühlte mich auf eine wunderbare Art frei von ihm. Ja, es wäre wirklich gut für ihn und unter Umständen auch für unsere Kinder! Und für mich würde sich dadurch sowieso nichts ändern, denn ich war auf keinen Fall bereit, noch einmal nach Kairo zu fahren oder auf irgendeine andere Weise mit Hussein in Verbindung zu treten. In meinem Herzen war ich längst von ihm geschieden, denn ich hatte schmerzhaft eingesehen, dass meine Ehe ein großer Fehler – vielmehr eine große Schuld – gewesen war und nicht die von Gott zusammengefügte Lebensgemeinschaft, wie ich es mir lange Zeit vorgemacht hatte. Gott hatte durch die Ereignisse der vergangenen Jahre das Band zwischen uns zerschnitten, das wir nach unserem menschlichen Willen geknüpft hatten und das schon deshalb zum Reißen verurteilt gewesen war, weil eine Ehe eines Christen mit einem Moslem nicht wirklich funktionieren kann, wenn beide ihren Glauben ernst nehmen.

Nein, Hussein war nicht mehr mein Ehemann, auch wenn wir vor dem Gesetz noch immer verheiratet waren. Er war zwar der Vater meiner Kinder, aber er gehörte nicht mehr zu mir. Diese Entscheidung war schon einige Zeit vorher gefallen und von mir vor Gott bekräftigt worden.

Noch einmal dachte ich an meinen Besuch in der Wallfahrtskapelle in Flüeli in der Schweiz zurück, den ich gemeinsam mit Schwester Lore unternommen hatte. Ohne von meiner Lage zu wissen, hatte Schwester Lore mich kurz vorher – auf Gottes Impuls hin – gesucht und gefunden, und ich war nach reiflicher Überlegung in die Schwesternschaft in Schloss Craheim eingetreten.

Gespannt hatte ich den Raum betreten, der in ruhiger Harmonie vor mir lag, war leise durch die Kirche gegangen und hatte auf den Altar geblickt, der mit Blumen und Kerzen geschmückt gewesen war.

Foto oben: Wallfahrtskapelle in Flüeli in der Schweiz
Foto unten: Elisabeth Stahlschmidt und Schwester Lore Scheurer

Wie wäre es, wenn ich jetzt meinen Ehering auf den Altar lege?, ging es mir durch den Kopf. Hatte ich ihn nicht in einem übertragenen Sinn von dort empfangen? Und musste ich ihn dann nicht auch jetzt – nach dem Scheitern meiner Ehe – selbst dorthin zurücklegen, wenn ich wirklich frei sein wollte, ohne treulos zu sein? Wäre das nicht das Symbol einer nie endenden Treue?

Ein bisschen wehmütig dachte ich in diesem Moment an unsere Trauung auf dem Standesamt in Botswana zurück, bei der Hussein und ich einander die Treue versprochen hatten. „Bis dass der Tod uns scheidet!", diese Worte hatte es bei der späteren Unterzeichnung unseres Ehevertrages auf der ägyptischen Botschaft in Lusaka nicht gegeben. Denn bei einer Eheschließung nach islamischem Recht handelt es sich nicht um eine von Gott gewollte Lebensgemeinschaft, sondern um einen Vertrag, der nicht einmal auf Gegenseitigkeit beruht. Bei der islamischen Eheschließung muss die Frau lediglich unterzeichnen, dass sie bereit ist, sich den Gesetzen des Islam bedingungslos zu beugen, dass sie ihrem Mann untertan sein will und dass ihre Kinder die Religion ihres islamischen Vaters annehmen werden, weil sie Allah gehören. Notgedrungen hatte ich diese Forderungen unterzeichnet, denn ohne dieses Dokument wäre unsere Ehe später in Ägypten niemals anerkannt worden, ja, ich hätte nicht einmal mit Hussein unter einem Dach leben dürfen. Und das schien mir angesichts unserer Kinder – von denen damals bereits das Dritte unterwegs war – unverantwortlich. Außerdem hatte Hussein mir immer versichert, dass diese Papiere reine Theorie seien, und dass unsere Kinder alle Freiheiten hätten, über ihren Glauben selbst entscheiden zu können. Und ich hatte Hussein nur zu gerne geglaubt.

Überhaupt, ich hatte die Schwierigkeiten, die sich damals immer wieder vor uns auftaten, einfach nicht sehen wollen. Schon die Reise zur ägyptischen Botschaft von Zambia, die wir auf uns nehmen mussten, weil es in Botswana eine solche nicht gab, war für uns ein einziger Hindernislauf: Die Kinder waren quengelig und schwierig, an der Grenze nahm man uns unser sauer verdientes Geld ab, das wir in den Windeln der Kleinen versteckt hatten, und das Hotel, in dem wir später wohnten, servierte uns Essensreste, die bei Hussein Darmprobleme hervorriefen. Obendrein war es dort unerträglich heiß, doch wir konnten es nicht wagen, im überfüllten Hotelschwimmbad Abkühlung zu suchen, weil wir sonst vermutlich von allen Seiten belästigt worden wären. Zum guten Schluss war Yosef bei einem Abendspaziergang so unglücklich von Husseins Schultern gestürzt, dass ich befürchten musste, er hätte bleibende Schäden davongetragen.

Doch trotz all dieser Probleme unterschrieb ich den Ehevertrag mit einem guten Gefühl. Ich hatte zwar gewusst, dass es in der islamischen Ehe nicht um Partnerschaft und Liebe ging, sondern um Rechte, Pflichten und Gesetzestreue, doch meine blinde Liebe zu Hussein, mein großes Vertrauen zu ihm, das sich inzwischen von meinem ehemaligen *Gottvertrauen* zu einer Art *Ehemannvertrauen* gewandelt hatte, sagte mir, dass dies eine reine Formsache sei, die nur dazu dienen sollte, unsere Beziehung nach außen hin zu regeln. Ich war damals ganz sicher, dass dies alles für mich keinerlei Bedeutung haben würde, denn zwischen Hussein und mir waren die Dinge ganz anders abgesprochen gewesen. Und ganz bestimmt würde er sich auch immer daran halten.

Überaus einfach war dagegen unsere dritte Eheschließung in meiner Heimatstadt Oberursel. Dort wurde unser bereits gegebenes Ja-Wort nur noch einmal bekräftigt, und weil unsere Papiere in Ordnung waren und ich außerdem dort bekannt war, wurde uns ohne weiteres ein deutsches Familienbuch ausgehändigt. Zu guter Letzt folgte darauf noch in meiner Heimatkirche eine schlicht gehaltene Zeremonie, die mir und meinen Eltern sehr viel bedeutete, weil es dabei um den Segen Gottes für unser zukünftiges Leben ging. Ja, es war mir auch damals noch sehr wichtig, diesen Teil meines Lebens vor Gott zu bringen und mich und meinen ägyptischen Mann unter seinen Segen und Schutz zu stellen. Während wir aber vor dem Altar standen, wurde mir auf einmal schmerzlich bewusst, dass diese Trauung für Hussein nicht dasselbe bedeutete wie für mich, denn ich wusste schon damals, dass einem Moslem der Gedanke an die Unauflöslichkeit der Ehe fremd ist. Aber ich verdrängte diesen Gedanken; ich wollte ihn einfach nicht in mein Bewusstsein eindringen lassen.

Erst nach dem Scheitern unserer Ehe, als ich in der kleinen Wallfahrtskirche in Flüeli stand und meinen Ehering in der Hand hielt, wurde mir so richtig klar, dass ich mir mit dieser kirchlichen Trauung selbst etwas vorgemacht hatte. Ich hatte an der Realität vorbeisehen, mein schuldhaftes Handeln nicht erkennen und einfach so tun wollen, als hätte ich alles richtig gemacht. Ja, ich hatte durch diese Trauung meinen falschen Anfang wieder gutmachen und meine Fehler korrigieren wollen. Aber dadurch hatte ich nur noch weitere ins Rollen gebracht.

Wie lange hatte ich gebraucht, bis ich erkannte, dass meine Träume wie Seifenblasen zerplatzt waren und damit auch meine Hoffnung auf ein gutes eheliches Zusammenleben. Gott hatte sich mit seinem Eingreifen viel Zeit gelassen, mir aber am Ende doch die Augen geöffnet, wenn auch auf sehr schmerzliche Weise.

In der ruhigen Umgebung dieses kleinen, bescheidenen Kirchleins erschienen mir nun viele Dinge, gegen die ich früher wie wild gekämpft hatte, logisch und annehmbar. Ja, ich erkannte endlich, dass ich jahrelang Gottes Willen für mich zurechtgebogen und bis zur Unkenntlichkeit verdreht hatte, bis er schließlich so war, wie ich es für richtig hielt. Aber Gott hatte sich nicht ins Handwerk pfuschen lassen, denn trotz all meiner Bemühungen hatte er in Wirklichkeit mich umgedreht und zwar zu sich hin.

Während noch all diese Gedanken durch meinen Kopf schwirrten, machte ich mich auf den Weg zum Altar. Mit einem Gefühl tiefer Trauer, aber auch großer Dankbarkeit, legte ich meinen Ehering in einen kleinen Spalt zwischen Tabernakel und Altar. Mir war in diesem Augenblick bewusst, dass ich mit dem Ablegen meines Ringes auch alle meine Entscheidungen – die falschen und die richtigen – in die guten Hände meines himmlischen Vaters legte. Bestimmt würde er das Richtige aus meinem Leben machen, denn er ist ein Gott, der Unheil zu Heil wandeln kann, der Neues aus dem Alten schafft und selbst dort noch Hoffnung weckt, wo unser menschliches Denken keinerlei Möglichkeit mehr sieht. Gott sagt Ja zu denen, die ihm seine Fehler bekennen, die sich von ihm korrigieren und führen lassen. Und genau das geschah in diesem Moment mit mir, denn ich war und bin in seinen Kreislauf des Vergehens und Neuwerdens eingebunden!

Da lag nun mein Ehering auf dem Altartisch. Der goldene Reif blitzte noch einmal kurz im Sonnenlicht auf, als wolle er mich daran erinnern, mit wie viel Liebe, Sehnsucht und guten Absichten ich ihn einmal aus der Hand meines geliebten Mannes entgegengenommen hatte. Fragen drängten sich in meinen Kopf: Warum waren wir gescheitert? Waren wir nicht beide reife Menschen gewesen, die Kraft zum Durchhalten besaßen? Hätten wir nicht durch unsere Liebe alle kulturellen und religiösen Unterschiede überwinden können? Und warum war uns das nicht gelungen?

Nein! Glasklar stand es nun vor meinen Augen: Für einen bewussten Christen kann es keine dauerhafte Gemeinschaft mit einem moslemischen Partner geben! Husseins Gott ist nicht mein Gott und Husseins Glaube ist nicht mein Glaube!

Ich als Christ glaube an den einen lebendigen Gott, der alle Menschen gleichermaßen liebt und der will, dass jeder gerettet und erlöst wird. Dieser liebende Gott gibt jedem Menschen die Möglichkeit, ihn zu erfahren, mit ihm hier auf Erden zu leben und darüber hinaus auch noch das ewige Leben in seinem Reich zu erlangen. Und das alles bekommen wir nicht etwa, wenn wir tolle Leistungen vollbringen oder große Taten tun, sondern nur, wenn wir uns zu Jesus Christus, dem Sohn Gottes, bekennen und darauf vertrauen, dass Jesus den Tod am Kreuz auf sich genommen hat, um unsere Schuld zu tilgen.

Eine wunderbare und eigentlich sehr einfache Botschaft: Jesus Christus, der Sohn Gottes, ist der Erlöser der Welt, und jeder, der sich zu ihm wendet, kann Anteil an seinem Erlösungswerk haben.

Schon anhand dieser Aussage lässt sich erkennen, dass Allah, der Gott der Moslems, mit dem Gott der Christen auf keinen Fall identisch sein kann. Denn bereits in der 1. Sure des Korans und auch am Felsendom auf dem Tempelberg von Jerusalem wird Allah mit den folgenden Worten gleich mehrmals beschrieben: „Der Gott, der keinen Sohn und Helfer hat.“

Allah hat also keinen Sohn und Helfer! Aber unser christlicher Gott ist der Vater unseres Herrn Jesus Christus. Und weil Jesus unser Freund und Bruder wurde, ist Gott damit auch unser Vater und wir seine Kinder. Außerdem hat er noch einen Helfer, den Heiligen Geist, durch den er sich uns offenbart und hier auf Erden wirkt. Wenn wir uns weiter mit diesem Gott beschäftigen, erkennen wir, dass wir ihn durch seinen Charakter erfahren, durch sein liebendes Wesen, das jeden Menschen meint, auch jeden Moslem. Er wünscht sich eine Liebesbeziehung zu uns Menschen und er möchte retten und nicht verderben.

Dagegen kennt der Gott des Islam keine Gnade. Für ihn sind keineswegs alle Menschen gleich, sondern er begünstigt willkürlich den einen und verstößt den anderen. Er erlaubt die Züchtigung der Frauen, ja sogar, dass sie getötet werden, weil sie in seinen Augen weniger wert sind als die Männer, und verlangt unerbittliche Gesetzestreue. Auf diese Weise erfährt der Moslem seinen Gott nicht durch Liebe und Fürsorge, sondern durch das Halten der Gesetze. Durch jedes dieser Gesetze ist der Moslem an Allah gebunden, wobei diese Gebundenheit völlig einseitig ist, denn der Gläubige kann sich nie sicher sein, ob er jemals das Paradies wirklich sehen wird. Er ist auf eigene Leistungen, aber noch mehr auf das Wohlwollen Allahs angewiesen, der für ihn immer unerreichbar bleibt. Der islamische Gläubige hat nicht die Möglichkeit, persönlich mit Allah zu reden und ihn um Antwort und Hilfe zu bitten. Nein, er muss zu bestimmten Zeiten in einem festgelegten Rahmen ihm vorgeschriebene Gebete verrichten und sein ganzes Alltagsleben durch die im Koran verankerten Gesetze regeln lassen.

Und weil ich das – wenn auch nach schier unendlich langer Zeit – erkannt und begriffen hatte, wurde mir klar, dass ich niemals wieder in ein islamisches Familienleben zurückkehren kann. Durch die Ehe mit einem Moslem hatte ich mich – ohne es wirklich zu wollen – zu einer Dienerin Allahs gemacht und damit meinem Vater im Himmel und meinem Heiland und Erlöser, Jesus Christus, den Rücken gekehrt. Diesen Fehler wollte und konnte ich nicht wiederholen.

Gleichzeitig ist es mir aber auch wichtig geworden, dass ich ganz klar zwischen der Religion des Islam und den Menschen, den Moslems, unterscheiden muss. Denn diese Menschen kommen – wie alle anderen auf dieser Welt – ebenfalls im Plan Gottes vor. Jesus ist auch für die islamische Menschenwelt auf diese Erde gekommen, sein Blut ist auch für Moslems geflossen und sein Erlösungswerk gilt ihnen ebenso wie mir.

Mit diesen Erkenntnissen und mit dem Ablegen meines Eheringes auf den Altar gewann ich endlich meine innere Freiheit zurück. Gott, mein guter Gott, nahm mir die Last von meinen Schultern und löste mich aus den Verstrickungen meines bisherigen Lebens mit all seinen falschen Entscheidungen. Ja, ich fühlte deutlich, dass es nun an der Zeit war, meine Zukunft neu zu ordnen, natürlich unter der Anleitung Gottes und seines Heiligen Geistes. Ich konnte wieder leben und atmen, ohne ständig an Hussein zu denken, ohne dass Zu- und Abneigung mich quälten und Liebe und Hass mein Leben zu einer Tortur machten. Und ich wusste in diesem Augenblick, dass Gott auch eines Tages erneut die Quelle seines Reichtums in mir sprudeln lassen würde.

Dankbar begriff ich: Ich darf wieder ich selbst sein! Ich bin zu mir selbst zurückgekehrt, ganz neu geworden und doch immer noch dieselbe.

Vertrauensvoll hielt ich meinem Herrn und Schöpfer mein Leben hin. Ich schenkte mich ihm mit allem, was ich war und bin, mit Leib und Seele, mit Denken, Fühlen und Wollen. Und Gott nahm mich an; ich fühlte es deutlich. Aber ich erkannte auch, dass er sich in der Vergangenheit trotz all der Fehler, die ich gemacht habe, niemals ganz von mir abgewendet hat. Er hat sich all die Jahre immer in meiner Nähe aufgehalten, auch wenn ich es nicht gemerkt habe oder es vielleicht nicht merken wollte!

Und diese Erkenntnis machte mir Mut, denn gemeinsam mit ihm konnte ich in ein neues, verändertes Leben gehen. Und wie immer es auch aussehen würde, Gott sollte mir meine Schritte zeigen, die großen und die kleinen. Bei Gott war ich von diesem Zeitpunkt an wieder ganz neu geborgen, ich konnte wieder frei und froh mit dem Psalmisten sagen: „Zum Altare Gottes will ich treten, zu Gott, der mich erfreut von Jugend auf."

Gespräch mit Gott

Herr, ich erinnere mich noch sehr gut daran, wie alles anfing, damals vor vielen Jahren. Ja, ich wollte dir dienen, wollte immer für dich und für die Menschen da sein, die meine Hilfe brauchten und die du mir zeigen würdest. Aber gleichzeitig wollte ich auch selbst die Regie über mein Leben in die Hand nehmen. Ich wollte ganz ich selbst sein und meinen Lebenshunger und meine Abenteuerlust stillen. Zudem war ich insgeheim sehr stolz darauf, dass ich als blutjunge Frau schon eine Reihe ganz ansehnlicher Erfolge vorzuweisen hatte.

Als frisch gebackene Zahnärztin habe ich damals das Ansehen sehr genossen, das mein Beruf und meine politische Aufgabe im Stadtparlament von Oberursel mir verliehen, und dennoch war ich gleichzeitig innerlich zerrissen. Auf der einen Seite suchte ich nach Orientierung und fragte nach deinem Willen für mein Leben und auf der anderen Seite wollte ich möglichst meine eigenen Pläne in die Tat umsetzen. Ich war überzeugt von meinen Fähigkeiten, glaubte alles gut und richtig zu machen und trat so – angefüllt mit meinem eigenen Ich – ins Kloster ein. Dabei hatte ich keinen Zweifel daran, dass es deine Stimme gewesen war, die mich dorthin gerufen hatte und glaubte fest daran, dass genau das dein Weg für mich war.

Habe ich mich damals geirrt, Herr? Habe ich deine Stimme überhört, habe ich dein Reden falsch interpretiert? Oder warum ist später alles so ganz anders gekommen, als ich es eigentlich gewollt hatte?

Jedenfalls muss ich wohl taub für dein Reden gewesen sein, als ich später in Botswana Hussein kennen gelernt habe und mich in ihn verliebte. Aber er war ja auch so ein gut aussehender, gebildeter und sympathischer Mensch und ich war hungrig nach einer liebevollen Beziehung, nach einem eigenen Nest, nach Kindern und Familie. Außerdem war ich davon überzeugt, tolerant und äußerst aufgeklärt zu sein. Was also hätte mir da schon passieren können, dachte ich. Dass eine Verbindung eines Christen mit einem Moslem nicht gut gehen kann, ja sogar Schuld bedeutet, weil sie gegen deinen Willen ist, ist mir damals erst gar nicht in den Sinn gekommen. Im Gegenteil, ich habe geglaubt, in einer derart festen Beziehung zu dir zu stehen, dass nichts mich jemals von dir fortziehen könnte.

Wie sehr habe ich mich doch geirrt, denn heute weiß ich, dass auch gläubige Menschen ihre Beziehung zu dir verlieren können, wenn sie nicht auf dich und dein Wort hören. Heute weiß ich, dass ich gesündigt habe, als ich mich von dir löste und eine Beziehung zu einem Moslem einging und ihn schließlich auch heiratete. Ich habe dich dafür um Vergebung gebeten und du hast meine Schuld von mir genommen. Danke dafür!

Ja, Herr, meine Beziehung zu dir ist wieder rein und klar und mein Glaube an dich ist das Wichtigste in meinem Leben. Du hast ihn mir erhalten und er hat mich all die Jahre begleitet, wenn auch auf verschiedenartige Weise. Du warst für mich immer der feste Anker, der letzte Rückhalt und die einzige Zuflucht. Und jetzt, nach dem Scheitern meiner Ehe und dem Verlust meiner Kinder, ist dies mehr denn je der Fall. Denn wie sollte ich ohne meine Kinder und mit meiner neuen Aufgabe als Seelsorgerin weiterleben können, wenn nicht unter deinem Schutz und unter deiner Liebe, die nicht von dieser Welt, aber für diese Welt ist?

Herr, ich danke dir dafür, dass du mich stark genug gemacht hast, um mich aus der Abhängigkeit von Hussein lösen zu können und dass ich dadurch heute besonnen auf die Lockangebote aus Ägypten reagieren kann. Ich danke dir, dass deine Gegenwart und die Gemeinschaft mit meinen Schwestern hier in Craheim die Trennung von meinen Kindern erträglich macht. Wenn du es willst, Herr, werde ich meine Kinder einmal wieder sehen, hier in meinem Land und trotz all der Widrigkeiten, die das zur Zeit noch verhindern. Bis dahin vertraue ich sie dir an: Yosef, meinen Ältesten, auf dem in seinen jungen Jahren schon so viel Verantwortung lastet. Nadiah, meine Tochter, die mittlerweile fast eine junge Dame ist und ohne ihre Mutter durch die Schwierigkeiten der Pubertät kommen muss. Salem, meinen geliebten Sohn, der bereits als kleines Kind so stark und unabhängig war. Und Hannaa, meine Jüngste, mit der ich leider heute kaum noch ein Wort wechseln kann, weil uns die gemeinsame Sprache fehlt.

Heiliger Gott, ich lege meine Kinder, die ich immer lieben werde und die mir jetzt so sehr fehlen, in deine guten Hände. Bitte, segne sie, wie auch ich sie in Gedanken jeden Tag segne. Es tut noch immer weh, wenn ich an sie denke, ja manchmal ist es mir, als stoße mir jemand ein Messer direkt ins Herz. Dann verstehe ich dein Handeln zwar nicht, aber ich vertraue dir dennoch voll und ganz und weiß, du wirst es gut machen. Bitte, segne auch ihren Vater und hilf ihm, seiner schweren Aufgabe an unseren Kindern gerecht zu werden.

Meine Kinder

Einige Wochen später riefen mich meine Kinder wieder an, und erneut kam Husseins mögliche Wiederverheiratung zur Sprache. Yosef erzählte, dass das Thema zwar im Moment vom Tisch sei, erklärte mir aber – für sein Alter überraschend altklug – dass sein Vater ja eigentlich doch dringend eine Ehefrau brauche. „Schließlich wird Papa allmählich älter und kann nicht immer allein bleiben!", meinte er verständnisvoll. „Aber die Neue war nicht die Richtige. Du bist eben doch die Beste und der Papa liebt dich immer noch!"

Erstaunt registrierte ich, dass Yosef sich als verständnisvoller Partner und Fürsprecher seines Vaters gab. Oder war die Aussage, dass Hussein mich noch immer liebte, wieder nur ein Köder, mit dem ich nach Ägypten zurückgelockt werden sollte? Hatte Hussein etwa seinen Kindern aufgetragen, mich mit diesem Gespräch ein Stück näher zu ihm zurückzubringen, damit er mich bald wieder in Kairo unter seine Kontrolle bekam? Bestimmt hatte er längst die Gefahr erkannt, dass meine heranwachsenden Kinder – oder wenigstens eines von ihnen – eines Tages den Wunsch haben könnte, zu mir nach Deutschland zu kommen, um hier zu leben. Und das war bestimmt nicht in seinem Sinn!

Leider kannte ich meine Kinder nicht mehr gut genug, um klar herauszufiltern, was hinter ihren Aussagen steckte. Sicher, Yosef hatte vor einiger Zeit schon mal den Wunsch geäußert, in Deutschland eine Ausbildung zum Piloten oder zum Flugzeug-Ingenieur machen zu wollen, und zu diesem Zweck wollte er am liebsten hier auch schon sein Abitur ablegen. Aber nach reiflicher Überlegung und nach Rücksprache mit dem Schuldirektor der in Frage kommenden Schule hatte ich ihm dann davon abgeraten, weil seine Deutschkenntnisse nicht mehr ausreichten und er dadurch zu viel Zeit verlieren würde.

„Mache erst mal einen guten Schulabschluss in Kairo", hatte ich Yosef gesagt. „Und dann kannst du später versuchen, über die Botschaft hier ein Stipendium zu bekommen."

Yosef hatte daraufhin sofort zugestimmt, was bei mir erneut den Verdacht weckte, dass auch dies wieder eines von Husseins „Lockangeboten" war. Meinte Hussein etwa, dass ich – wenn ich erst eines meiner Kinder wieder gesehen hätte – alles tun würde, um auch die anderen in die Arme schließen zu können? Mir war jedenfalls klar, dass in dem Moment, in dem Yosef hier auftauchte, auch eine ungeheure, kaum auszuhaltende Sehnsucht nach seinen Geschwistern in mir hochkommen würde. Und was sollte ich dann tun?

Bei den Telefongesprächen mit meinen Kindern wurde ich aber auch immer wieder schmerzlich an meine eigenen Fehler erinnert. Erschrocken stellte ich fest, dass ich den Kindern scheinbar das Leistungsprinzip als oberstes Gebot eingetrichtert hatte. Das hatte offensichtlich zur Folge, dass sie während unserer gemeinsamen Telefonate immer zuerst über ihre Schulleistungen sprachen statt über ihr Denken und Fühlen. Besonders Hannaa, meine Jüngste, die sich sicher kaum noch an mich erinnern konnte, wurde von ihrem Bruder immer wieder überschwänglich gelobt.

„Hannaa ist sehr selbstständig, sie macht alles super. Sie kennt den Koran in- und auswendig und fastet im Ramadan!", erzählte Yosef stolz von den Leistungen seiner kleinen Schwester. Dabei interessierte mich viel mehr, wie es meinen Kindern wirklich ging, wie es in ihren Herzen aussah, was sie dachten, fühlten und hofften.

Diese Gespräche erinnern mich dann immer daran, wie wichtig mir das Thema „Schulnoten" damals gewesen ist. Ständig habe ich die Kinder zu Höchstleistungen angespornt.

Foto oben: Salem, Nadiah, Hannaa und Yosef

Foto unten: Yosef, Salem und Nadiah vor Pharaonenbüsten

Ich habe von ihnen stets gute Noten erwartet und sie dafür natürlich auch gelobt. Doch ich war genauso oft auch böse geworden, wenn mal eine Aufgabe nicht so gut gelungen war. Natürlich wollte ich – wie wohl die meisten Eltern – dass meine Kinder es im Leben zu etwas brachten. Aber jetzt erkannte ich schmerzlich, dass ich den Stellenwert ihrer schulischen Leistungen einfach zu hoch gesetzt hatte. Das tut mir nun unendlich Leid und immer, wenn ich an diese Situationen erinnert werde, bitte ich meine Kinder in Gedanken um Vergebung.

Aber trotz alledem spüre ich eine tiefe innere Verbindung zu meinen Kindern, die ich zwar nicht sehen und in die Arme nehmen darf, die mir aber dennoch in meinem Herzen sehr nahe sind. Sie sind zwar weit weg von mir und leben in einer total anderen Kultur, doch ich habe immer noch das tägliche Gebet für sie. In dieser Möglichkeit des Gebetes steckt eine solche Kraft, die mich gewiss sein lässt, dass Gott meine Kinder anrühren und zu sich wenden kann, wo immer sie sind, was immer sie tun. Auch wenn von den christlichen Gedanken und Werten, die ich ihnen während unserer gemeinsamen Zeit mitgegeben habe, sicherlich nicht mehr viel zu erkennen ist, so kann doch keiner sagen, was aus der Vergangenheit auch jetzt noch tief in ihren Herzen verborgen ist und von Gott jederzeit zum Leben erweckt werden kann.

In Gedanken segne ich sie jeden Tag im Namen Gottes, denn ich spüre, wie wichtig der Segen ist, der aus seiner Hand kommt und durch mich hindurchfließt. Dieser Segen schafft eine tiefe innere Verbindung zu meinen Kindern, die durch nichts zerrissen werden kann.

Gespräch mit den Kindern

Meine geliebten Kinder, lieber Yosef und Salem, liebe Nadiah und Hannaa, nun sind schon so viele Jahre vergangen, seit ich euch zum letzten Mal gesehen habe. Erinnert ihr euch noch an die Sommerferien 1993? Ich werde sie bestimmt nie in meinem Leben vergessen, denn es waren die letzten Ferien, die ich mit euch verbringen durfte. In Gedanken gehe ich jedem einzelnen Tag nach, an dem wir noch zusammen sein durften. Noch einmal sehe ich das in der Sonne glitzernde Meer vor mir und fühle das kühle Nass auf meiner Haut, in dem wir gemeinsam geschwommen haben, und ich spüre den heißen Sand unter meinen Füssen, auf dem wir gelegen und uns gesonnt haben.

Ja, es war eine wunderschöne Urlaubswoche am Roten Meer, zusammen mit euch und eurem Vater. Aber heute weiß ich auch, dass ich bereits zu diesem Zeitpunkt hätte vorgewarnt sein müssen und dass ich niemals mit euch hätte nach Ägypten fliegen dürfen. Aber damals wollte ich eurem Vater mein Vertrauen zeigen, wollte unserer Liebe und Ehe noch eine Chance geben. Denn wäre es nicht einer Aufkündigung meiner Liebe gleichgekommen, wenn ich diesen gemeinsamen Urlaub abgelehnt hätte?

Die Zeit unseres Urlaubs in Hurgharda ist mir noch so gegenwärtig, als wäre es gerade erst vorige Woche gewesen. Wir hatten so viel Freude miteinander, haben einfach mal wieder glückliche Familie gespielt, die wir leider nach meinem Entschluss, in Deutschland zu bleiben, nie mehr wirklich gewesen waren. Es war so wohltuend für uns alle, das konnte man uns deutlich anmerken. Und das wollte ich nicht zerstören.

Wenn ich heute an diesen Urlaub zurückdenke, habe ich manchmal das Gefühl, ihr müsstet jeden Augenblick durch die Tür kommen, genauso wie ihr damals ausgesehen habt. Doch dann ist mir wieder alles so unwirklich, so fremd und ich bekomme plötzlich Angst, dass ich euch gar nicht wieder erkennen könnte, weil ich euch so unendlich lange nicht mehr gesehen habe. Bestimmt habt ihr euch in all den Jahren ganz schön verändert. Ihr wachst einem Mann- und einem Frausein entgegen, das mir fremd ist und an dem ich leider nicht teilhaben darf. Nicht nur äußerlich, nein, auch innerlich hat euch sicher mittlerweile eure multikulturelle Vergangenheit eingeholt.

Du, Yosef, bist jetzt ja schon 16 Jahre alt, also bereits ein junger Mann! Wie magst du wohl aussehen? Sicher bist du nicht mehr der kleine zierliche Junge, der sich immer einen dicken Freund zur Verteidigung gesucht hat. Vielleicht bist du jetzt schon ebenso groß und stattlich wie dein Vater! Und hoffentlich denkst du noch manchmal an deine Mutti, die ihren Ältesten so sehr liebt!

Und du, meine allerliebste Nadiah? Du bist jetzt 15 Jahre alt, also schon eine richtige kleine Dame! Oder vielleicht doch noch nicht so ganz? Womöglich fährst du ja immer noch so gerne Skateboard, wie du es früher getan hast. Ach, wie gerne würde ich dich mal wieder in die Arme nehmen, meine wunderschöne Tochter, und wie gerne würde ich dir heute bei deinen Wünschen nachgeben, die du dir manchmal so hartnäckig in den Kopf gesetzt hattest! Weißt du noch, wie du mich bedrängt hast, dir eine Staffelei und Ölfarben zu kaufen, was mir damals einfach zu teuer erschien? Wie gerne würde ich dir heute deine Wünsche erfüllen, wenn ich es nur könnte! Bestimmt bist du ein überaus hübsches und liebenswertes junges Mädchen geworden. Aber vielleicht bist du auch immer noch von Zeit zu Zeit ein bisschen melancholisch oder zeigst dein Temperament bei einem deiner Wutausbrüche. Doch was macht das schon! Ich liebe dich einfach so wie du bist!

Und Salem, mein geliebter starker Junge. Deinen Namen habe ich damals bewusst gewählt, weil der arabische Name Salem „Friede" oder „Rettung" bedeutet und außerdem ein Bestandteil der heiligen Stadt Jerusalem ist. Dein Name schien mir zukunftsweisend für unsere Familie und für die ganze Welt zu sein und passte dann auch hervorragend zu dir, denn du warst ein überaus friedliches und genügsames Kind. Wie du wohl heute mit deinen 13 Jahren bist? Vielleicht bist du noch immer so stark und unabhängig, wie du schon als kleiner Junge warst. Kannst du noch immer so gut rechnen wie damals, als dein Opa mit dir geübt hat und ganz stolz darauf war, was für ein fixes Kerlchen du warst? Ja, selbst beim Schwimmen hast du uns allen etwas vorgemacht, als du schon mit sechs Jahren in der Kampfmannschaft des Schwimmclubs geschwommen und sogar vom Sprungbrett gesprungen bist. Ach, wie gerne würde ich dich wieder sehen, einmal wieder über deine dunklen Haare streichen und dich herzlich umarmen, mein lieber Sohn Salem!

Ja, und nun zu dir, Hannaa, meine geliebte jüngste Tochter. Du bist mit deinen elf Jahren zwar heute nicht mehr ganz so klein, wirst aber dennoch immer die „Kleine" bleiben. Manch-

mal kommt es mir vor, als wäre es noch gar nicht lange her, seit ich dich in Ägypten zur Welt gebracht und dich jeden Tag mit in meine Zahnarztpraxis genommen habe, weil so viel zu tun war. Ich wollte dich damals einfach immer bei mir haben. Wie brav du warst und wie viel Freude du mir und meiner Sprechstundenhilfe gemacht hast. Und auch später, als wir in Deutschland lebten, gab es keinerlei Probleme mit dir. Im Gegenteil! Du wusstest stets auf alles eine Antwort, machtest den Großen alles nach und tatest einfach so, als wärest du schon genauso alt wie sie. Ach, meine liebe Hannaa, bei deinen Großeltern im Haus hing ein Foto von dir und Opa im Lehnstuhl, das ich nun überall mit mir herumtrage. Selbst deine Oma hat noch kurz vor ihrem Tod gesagt, wie viel Freude du ihr gemacht hast.

Hannaa, erinnerst du dich noch an deine Barbiepuppen, die du auf dem Speicher immer wieder neu arrangiert hast, weil ich sie nicht leiden konnte? Und erinnerst du dich an die Sterne, die du dir an die Wand geklebt hast, weil du nicht zugeben wolltest, dass du dich im Dunkeln gefürchtet hast? Ja, mein Mädchen, ich erinnere mich ganz genau an diese Dinge, fast so, als wäre es erst gestern gewesen. Ich möchte dich so gerne in die Arme nehmen, dich herzen und küssen und dir sagen, wie Leid es mir tut, dass ich nicht bei dir sein kann. Aber wie soll ich es dir erklären, wo du meine Sprache doch nicht mehr verstehst? Wie soll ich dir klarmachen, dass mir zwar die Worte fehlen, aber nicht die Liebe, ja, dass mein Herz ständig bei dir ist?

Meine geliebten Kinder! Bei den wenigen Telefongesprächen, die ich mit euch führen darf, merke ich doch immer wieder, wie wenig ihr noch meine Sprache kennt. Es tut mir weh, dass allmählich auch dieses Band zwischen uns zerreißt. Ich möchte euch am liebsten einfach in meinen Armen halten und euch sagen, dass ich das, was geschehen ist, nie gewollt habe. Ich fühle mich oft schuldig und möchte vieles ungeschehen machen. Aber es geht nicht, denn niemand von uns kann die Zeit zurückdrehen.

Bitte, verzeiht mir alle Fehler, die ich gemacht habe. Wie Leid tut es mir heute, dass ich mit euch geschimpft, an euch rumgemäkelt und euch manchmal ungeduldig und ungerecht behandelt habe. Am liebsten würde ich sagen: „Nie mehr!“, doch natürlich wäre auch das unrealistisch!

Aber am allermeisten liegt mir eure Beziehung zu Jesus Christus, unserem Heiland und Erlöser, am Herzen. Kaum wage ich die Frage zu stellen, ob ihr noch an ihn glaubt, ob ihr noch seine Liebe spürt, mit der er für euch und für mich ans Kreuz gegangen ist. Ich habe dir, Yosef, einmal eine Bibel geschickt. Liest du manchmal darin oder ist sie dir bereits fremd und langweilig geworden? Vielleicht leihst du sie auch mal deinen Geschwistern! Es wäre doch schön, wenn ihr alle darin lesen könntet und dabei nie vergessen würdet, wie sehr Jesus euch liebt und dass er uns Hoffnung auf ein Wiedersehen gibt. Denn diese Hoffnung habe ich in all den Jahren nicht verloren. Durch die Bibel, das Wort Gottes, habe ich Trost gefunden, den mir sonst kein Mensch in dieser Welt hätte geben können. Und Gott kann ich sagen, wie sehr ich euch vermisse, gestern, heute und bis an das Ende meines Lebens.

Ach, meine geliebten Kinder, ich weiß, dass euch noch Schweres bevorsteht, denn eines Tages werdet ihr begreifen, dass eure Eltern aus zwei verschiedenen Welten stammen. Und ihr werdet euch entscheiden müssen, wo euer wirkliches Zuhause ist. Vielleicht ist das ja eine Hoffnung für mich! Jedenfalls bete ich dafür, dass ihr die richtige Entscheidung treffen werdet, die Entscheidung für Jesus Christus.

Manchmal stelle ich mir vor, wie ihr zu mir zurückkommt, wie ich euch in meine Arme nehmen und küssen darf. Dann beginnt mein Herz zu jubeln und ich bin so froh, dass ich am liebsten laut singen würde, bis mir dann plötzlich wieder einfällt, dass es ja noch gar nicht so weit ist. Aber dann werde ich auch wieder durch den Spruch getröstet, den ich früher mit Baba oft gebraucht habe: „We don‘t know what the future holds, but we know who holds the future“ (Wir wissen nicht, was die Zukunft enthält, doch wir wissen, wer sie hält).

Meine lieben Kinder! Ich schicke euch täglich den Segen unseres Herrn und Erlösers Jesus Christus und meine Gebete begleiten euch. Wenn Gott es will, werden wir uns wieder sehen, das weiß ich ganz sicher. Bis dahin möchte ich euch in eine zwar ungewisse, aber dennoch von Gott getragene Zukunft entlassen.

Ich umarme dich lieber Yosef, küsse dich, Nadiah, halte dich ganz fest, Salem, und drücke dich, Hannaa, an mein Herz. Ihr seid meine geliebten Kinder und doch auch mein Gegenüber im Gespräch und im Gebet, vor Gott und vor Menschen und ich liebe euch von Herzen.

Eure Mutti

Erinnerungen

Die Trennung von meinen Kindern war so schmerzhaft, dass ich es manchmal kaum aushalten konnte. In der ersten besonders schweren Zeit, als ich mit leeren Händen und noch leererem Herzen aus Kairo zurückgekommen war, verbrachte ich verzweifelte Tage und Wochen in dem Häuschen, in dem ich vorher mit meinen Kinder gelebt hatte und das mir nun so leer und öde erschien. Ich konnte es nicht fassen, dass meine geliebten Kinder nicht mehr da waren, dass ihr Lachen und Rufen niemals wieder durch dieses Haus schallen sollte, ja, dass ich sie vielleicht sogar niemals wieder sehen würde.

Verzweifelt legte ich mich jede Nacht in eines ihrer Betten, atmete tief den Duft meiner Kinder ein, der noch in der Wäsche hing und fand dennoch keinen Trost. Aber ich fühlte auch, dass ich den richtigen Weg gegangen war, wenn auch mein Verzicht für viele Menschen sicherlich nur schwer nachzuvollziehen ist. Aber wie und mit welchen Mitteln hätte ich denn um meine Kinder kämpfen sollen? Hätte ich eines oder zwei von ihnen entführen sollen – wie es anfänglich geplant gewesen war – und dabei das Risiko eingehen sollen, dass ihnen erneut ungeheurer Schaden zugefügt wurde? Und welches meiner vier Kinder hätte ich dann „auserwählen" müssen? Die Jüngste oder den Ältesten, eines der Mädchen oder einen Jungen? Wäre der Schock für das entführte Kind nicht zumindest ebenso groß gewesen wie für die in Ägypten gebliebenen, und hätten meine Kinder mich nicht eines Tages für meine Tat gehasst?

Mein einziger Trost zu dieser Zeit war ein kleines Kreuz, das einem meiner Kinder gehört hatte. In den langen einsamen Nächten nahm ich es oft in die Hand, um es auf meiner

Haut zu spüren. Ich klammerte mich fest daran und suchte bei ihm Trost und Hilfe. Doch gleichzeitig fühlte ich auch die Härte des Kreuzes in meiner Handfläche, was für mich wie ein Symbol meiner Last, meines eigenen „Kreuzes" war, das mir auferlegt worden war und das ich nun zu tragen bereit war, wenn auch unter großen Schmerzen. Noch mehr aber war es das Symbol des Lebens und der Auferstehung, denn ohne den Kreuzestod Jesu gibt es für uns Menschen keine Auferstehung und kein ewiges Leben. Und daran kam auch ich nicht vorbei.

Dieser gekreuzigte Christus, den ich jede Nacht um seine Hilfe anflehte, gab mir tatsächlich die Kraft, meine Kinder loszulassen. Ich erkannte, dass ich mich von all den Dingen trennen musste, die mich an die Vergangenheit fesselten, wenn ich wirklich frei sein wollte. Zuerst legte ich alles ab, was mich an Hussein erinnerte: all meinen Schmuck, Ketten, Ringe, Armbänder, aber auch andere Andenken wie Briefe, Fotos und Kleidungsstücke. Ich wollte nichts mehr von Hussein auf meiner Haut tragen, nichts sollte mich noch länger an ihn binden und mir die Chance zu einem Neuanfang verwehren.

Ungleich schwerer, als mich von Husseins Geschenken zu lösen, war es, die Sachen meiner Kinder abzugeben. Ich nahm jedes Stück, das ihnen gehört hatte, in die Hand: Puppen, Kuscheltiere, Spielzeug, Kleidungsstücke und stellte es dann gebündelt an den Straßenrand, weil es dort vom Sperrmüll abgeholt werden sollte. Anschließend beobachtete ich, wie den ganzen Tag über immer wieder Leute auftauchten und diese Sachen mitnahmen, so dass bis zum Abend so gut wie nichts mehr übrig war. Auch das erschien mir wieder wie ein Symbol: So wie die Spielsachen meiner Kinder Stück für Stück vom Straßenrand verschwanden, konnte ich meine Kinder nach und nach loslassen und sie in Gottes gute Vaterhände legen. Und das war – trotz aller Trauer – eine enorme Befreiung.

Dennoch waren damit noch nicht alle meine Probleme gelöst, denn natürlich vermisste ich meine Kinder auch dann noch, als ich längst eine neue Aufgabe in Schloss Craheim gefunden hatte. Oft verspürte ich eine unbändige Sehnsucht, meine Vier einfach mal wieder bei mir zu haben, mit ihnen zu reden und zu lachen und ihnen all das zu sagen, wozu ich bisher keine Gelegenheit gehabt hatte.

Und wie es wohl häufig der Fall ist, wenn etwas unwiederbringlich verloren erscheint, so gingen auch mir Situationen durch den Kopf, in denen ich nicht so reagiert hatte, wie es eigentlich gut und richtig gewesen wäre. Mir fielen Begebenheiten ein, in denen ich viel zu streng mit meinen Kindern gewesen war und mit ihnen geschimpft hatte, statt Liebe und Verständnis aufzubringen. Diese schmerzlichen Erinnerungen kamen in mir besonders dann hoch, wenn ich bestimmte Worte hörte, die mir quasi als *Stichworte* oder *Passworte* dienten, um mich in die Vergangenheit zu katapultieren. Und das passierte, obwohl diese bestimmten Worte in komplett anderen Zusammenhängen von ganz anderen Menschen benutzt wurden.

Eines meiner *Passwörter* lautet zum Beispiel: „Geh doch nicht so schnell!" Und genau diesen Satz keuchte Schwester Lore eines Tages neben mir, als ich mit ihr schnellen Schrittes durch eine Straße lief. Ich hatte einfach nicht darüber nachgedacht, dass Schwester Lore, die viel kleiner und gewichtiger war als ich, mit meinen langen Beinen logischerweise nicht mithalten konnte, und war – wie immer – sehr rasch ausgeschritten.

„Geh doch nicht so schnell!", rief da Schwester Lore unvermutet neben mir. Sofort blieb ich stehen, denn dieser Satz rührte etwas an, das in mir einen großen Schmerz hervorrief. Ich sah auf einmal ein süßes Kindergesichtchen vor mir, sah die flehenden dunklen Augen darin und einen weinerlich verzogenen kleinen Mund, der verzweifelt ausrief: „Geh doch nicht so schnell, Mutti! Bitte, geh doch nicht so schnell!"

Unaufhaltsam strömten plötzlich Tränen über mein Gesicht. Ich weinte und weinte und konnte einfach nicht mehr aufhören.

„Aber was hab ich denn so Furchtbares gesagt?", rief Schwester Lore erschrocken aus. „Ich wollte doch nur sagen, dass du nicht so schnell laufen sollst, weil ich nicht mitkomme!"

Nachdem ich mich einigermaßen beruhigt hatte, erklärte

ich meiner lieben Mitschwester, dass nicht sie der Grund für meine Tränen war, sondern die Erinnerung, die ihre Worte in mir hervorgerufen hatten. Damals, als ich allein mit meinen Kindern in Deutschland gelebt und oft nur wenig Zeit für mich selbst gehabt hatte, war ich manchmal gerne allein in die Stadt gegangen, um ein bisschen durch die Geschäfte zu bummeln. Doch meine kleine, neugierige Tochter Nadiah hatte immer gerne mit mir gehen wollen, was ich dann meistens abgelehnt habe, da sie mich zu sehr aufhielt.

Aber eines Tages hatte ich ihr dann doch einmal erlaubt mitzukommen.

„Du musst aber genau so schnell gehen wie ich!“, hatte ich zuvor zur Bedingung gemacht und dabei nicht einmal gemerkt, wie egoistisch und brutal diese Forderung an das kleine Mädchen gewesen war. Und Nadiah war dann auch mit ihren kleinen Beinchen neben mir hergerannt und hatte verzweifelt versucht, mit meinen langen Beinen Schritt zu halten – was ihr natürlich nicht gelungen war. Schließlich war sie dann in den flehentlichen Ruf ausgebrochen: „Mutti, geh doch nicht so schnell!“

Hätte ich doch damals . . .! Und könnte ich noch einmal . . .! Das sind wohl die Wünsche vieler Mütter, die ihre Fehler erkennen und am liebsten rückgängig machen würden. Aber leider, es geht nicht. Auch wenn es mir noch so sehr Leid tut, ich kann meine Fehler nicht ungeschehen machen. Und das macht den Trennungsschmerz noch tiefer, noch gewaltiger. Doch gleichzeitig darf ich meine Kinder täglich in meine Gebete mit einschließen und Gott darum bitten, dass er diese Verletzungen, die ich ihnen auf unbedachte Weise zugefügt habe, heilt. Das schenkt mir eine innige Verbindung zu ihnen, vielleicht inniger als manche Mutter sie jemals erfährt.

Gespräch mit Gott

Sicher, Herr, du hättest das alles verhindern können, was mit mir und meiner Familie passiert ist. Du hättest eingreifen können, als man mir das Liebste, das ich hatte, entriss. Für dich wäre das eine Kleinigkeit gewesen. Aber du hast es nicht getan, du hast es zugelassen, dass man mir meine Kinder wegnahm!

Warum, Gott? Wie soll ich das verstehen? Wie soll ich damit umgehen? Und darf ich dich überhaupt nach dem Warum fragen? Darf ich dir die Verantwortung für meine Fehler zuschieben? Oder bin ich für alles, was geschehen ist, selbst verantwortlich?

Jedenfalls hatte ich immer irgendwie angenommen, dass du mein Familienglück gutheißen würdest, denn schließlich waren vier gesunde Kinder doch ein Beweis für deinen Segen, oder etwa nicht? Hatte ich mir auch das einfach nur nach meinem eigenen Gutdünken zurechtgelegt?

Ich habe so viele Fragen an dich und weiß doch nicht einmal, ob ich eine Antwort von dir erwarten darf. Aber eines weiß ich gewiss, nämlich dass du mich mit meinem Kummer nicht allein lässt, sondern dass du weiter der Anker für mich bist, an dem ich mich festhalten kann, wenn die Wogen über mir zusammenbrechen. Und ich weiß auch, dass du Menschen retten und zu dir hinwenden kannst, wo immer sie sind und in welcher Kultur sie auch leben. Bestimmt hast du einen guten Plan mit meinen Kindern. Bitte führe ihn aus und lass mich dir dabei nicht im Wege stehen. Herr, mir ist klar, dass meine Kinder nicht allein dadurch zu gläubigen Christen werden können, weil ich ihnen als Mutter meinen Glauben vorlebe und ihnen immer wieder von dir erzähle, sondern weil du dich ihnen offenbarst. Und das wirst du zu deiner Zeit und auf deine Weise tun, da bin ich ganz gewiss.

Heiliger Gott, ich segne meine Kinder jetzt in deinem Namen. Und das will ich täglich wiederholen, weil du mir damit eine Möglichkeit gegeben hast, mit ihnen in Verbindung zu bleiben.

Wenn du es willst, Herr, werde ich meine Kinder wieder sehen. Ich weiß nicht, wann und wie das sein wird. Aber auch dieses Wiedersehen lege ich vertrauensvoll in deine guten Vaterhände. Ich bitte dich, sei bei meinen Kindern, segne und beschütze sie bei allem, was sie tun, und erreiche ihre Herzen und Gedanken, damit sie dich niemals vergessen.

Gespräch mit Hussein

Lieber Hussein, diese Anrede fällt mir nicht leicht, denn ich verbinde mit den Worten „Liebe“ und „du Lieber“ etwas anderes als das, was du mir angetan hast. Aber was für ein Wort würde unserer jetzigen Situation besser entsprechen? Ich weiß es selbst nicht.

Du bist jetzt auch schon mehr als 50 Jahre alt, hast also wie ich schon über die Hälfte deines Lebens hinter dir. Eigentlich waren wir ja recht alte Eltern, als unsere Kinder geboren wurden, denn wir hatten beide bereits ein „Vorleben“ hinter uns, doch wir waren bewusste Eltern, wenn auch nicht alle unsere Kinder so bewusst geplant waren. Aber waren sie deshalb Fehler? Nein, gewiss nicht! Wir haben uns auf jedes Kind sehr gefreut und es geliebt, du ebenso wie ich.

Weißt du noch, wie glücklich wir waren, als wir erfuhren, dass unsere Nadiah unterwegs war, die geradezu dafür bestimmt zu sein schien, in eine intakte, glückliche Familie hineingeboren zu werden? Oder später, als sich auf dem Weg nach Ägypten Salem überraschend ankündigte? Wie haben wir uns auf unseren zweiten Sohn gefreut. Ja, selbst als wir so unerwartet erfuhren, dass unsere kleine Hannaa unterwegs war, verspürten wir Freude und Dankbarkeit, denn damals haben wir uns noch geliebt und fest daran geglaubt, gemeinsam alle Schwierigkeiten meistern zu können.

Wie konnte es nur passieren, dass unsere Zuneigung in Abneigung umschlug und sich unser Vertrauen in Misstrauen verwandelte? Wie konnte all das Böse und Hässliche, all die verletzenden Worte und Taten zwischen uns passieren? Wir haben es doch beide so nicht gewollt – und dennoch hat jeder seinen Teil dazu beigetragen.

Dein Teil war, dass du unsere Kinder entführt und von ihrer Mutter weggerissen hast. Damit hast du nicht nur einen Wendepunkt in deinem und in meinem Leben herbeigeführt, sondern auch im Leben unserer Kinder. Ja, du hast dir eine Macht angemaßt und einen ungeheuren Gewaltakt vollzogen, der dir nicht zustand. Kannst du das wirklich verantworten, vor Gott und vor den Menschen?

Zu Anfang war eine übermächtige Wut in mir. Ich war wütend auf dich und deine Religion, auf dein Land und deine Kultur, auf dein Denken und alles, was mit dir zu tun hat. Ich wollte nur eins: meine Kinder zurückbekommen, um jeden Preis und auf jede nur erdenkliche Weise. Und natürlich fühlte ich mich im Recht, denn in diesem Moment war ich nur die Mutter, der man ihre Kinder gestohlen hatte.

Ja, Hussein, damals hasste ich dich mit allen Fasern meines Herzens und meine Seele nährte sich nur noch von Rachegedanken. Tage-, wochenlang spielte ich mit dem Gedanken, mit gleicher Münze zurückzuzahlen und die Kinder erneut entführen zu lassen, dieses Mal aber nach Deutschland. Doch es hat nicht geklappt, leider oder Gott sei es gedankt? Ich weiß es nicht, ja ich weiß nicht einmal, ob ich es wirklich fertig gebracht hätte, sie völlig von ihrem Vater wegzuholen.

Mein Hass auf dich änderte sich später, nachdem ich erkannt hatte, dass durch die Entführung unserer Kinder auch in meinem Leben eine gewaltige Umkehr hervorgerufen worden war. Ja, nach diesem Ereignis war für mich nichts mehr wie zuvor, alles war auf den Kopf gestellt worden. Aber trotz allen Schmerzes hatte dein Gewaltakt auch etwas Positives für mich, denn heute weiß ich, dass die Trennung von meinen Kindern für mich persönlich zu einer Umkehr geführt hat, wie ich sie sonst sicher niemals erlebt hätte. Und dafür bin ich sogar dankbar.

Ja, du hast richtig gehört: Ich bin dankbar!

Ist es nicht erstaunlich, dass ich nach all dem schweren Erleben Dankbarkeit empfinden darf? Du wirst es vielleicht

---

Foto: Hussein mit den Kindern in Kairo

nicht verstehen, aber es ist wirklich so, trotz meines großen Verlustes empfinde ich Dankbarkeit für das, was mir geschenkt wurde – von Gott geschenkt wurde!

Ich verspüre Dankbarkeit für jedes einzelne unserer Kinder, dafür, dass es sie gibt, dass sie leben und gut geraten sind. Ich weiß nicht, wie es jetzt in ihren Herzen aussieht, aber ich würde es heute nicht einmal für gut befinden, sie hierher zu mir nach Deutschland zu holen. Ja, Hussein, im Moment will ich lieber auf meine Kinder verzichten, weil ich Sorge habe, dass sie mit einem neuerlichen Wechsel ihrer Kultur nicht zurechtkommen könnten und dann vielleicht gar nicht mehr wissen, wer sie sind.

Natürlich sehne ich mich nach meinen Kindern und will für sie nur das Beste, aber ich weiß auch, dass es für uns – für dich und für mich – nie wieder ein Zusammenleben geben kann, niemals und unter keinen Umständen! Und wie sollte ich da meine Kinder aus ihrer Heimat fortreißen, die sie in den letzten Jahren nun einmal bei dir gehabt haben? Sollen unsere Kinder denn zwischen ihren Eltern hin- und hergezerrt werden, wie es manchmal in anderen Ehetragödien der Fall ist, und wo es dann anschließend auf beiden Seiten nur noch Verlierer gibt? Nein, das kann ich nicht verantworten, dann will ich lieber auf mein „Recht" als Mutter verzichten. Aber eines werde ich ohne Unterlass tun, ich werde weiterhin jeden Tag für sie beten und ich weiß, dass Gott sich ihrer annehmen wird. Er allein weiß, was sie brauchen und wann sie es brauchen, und er wird die Dinge letztendlich zu einem guten Ende führen.

Ich empfinde eine große Dankbarkeit für das Leben, das ich jetzt unter Gottes Regie führen darf, und dass er mich dazu gebraucht, anderen Frauen zu helfen, die in einer ähnlichen Lebenssituation stehen, wie ich einmal gestanden habe.

Weil Gott und sein Sohn Jesus Christus meine Unheilsgeschichte in eine Heilsgeschichte verwandelt hat, kann ich nun die Dinge ruhen lassen, die ich noch vor einiger Zeit mit Macht habe ändern wollen.

Du fragst dich womöglich, ob ich dir vergeben kann oder es vielleicht schon getan habe. Ich weiß es nicht so genau, aber Gott wird mir auch das deutlich machen. Jedenfalls möchte ich dich heute für all die Verletzungen um Entschuldigung bitten, die ich dir zugefügt habe, vor allen Dingen während unserer gemeinsamen Zeit hier in Deutschland. Ja, ich weiß, auch ich habe vieles falsch gemacht. Ich habe oft emotional und starrköpfig reagiert, wo ich verständnisvoll hätte sein müssen. Ich konnte und wollte damals einfach nicht nachgeben und habe beständig versucht, meinen Kopf durchzusetzen, und so bist du dann auch – sicher mit wehem Herzen – einige Zeit mit mir in Deutschland geblieben.

Armer Hussein, wie unwohl musst du dich in meiner Heimat gefühlt haben und wie wenig wurdest du von meiner Familie und meinen Freunden verstanden. Du musstest in einer engen Kellerwohnung im Haus deiner Schwiegereltern leben und konntest nicht einmal deinen Beruf ausüben, den du doch so geliebt hast. Ich habe damals mit dir gelitten, war aber nicht in der Lage, dir zu helfen, indem ich mit dir nach Kairo zurückging.

Das alles tut mir Leid, unendlich Leid. Aber auch für mich waren die vergangenen sieben Jahre nicht leicht. Ich musste erst einmal einsehen, dass ich gesündigt hatte und Gottes Versöhnung brauchte. Dann musste ich lernen, wieder alleine zu leben und mit mir selbst zurechtzukommen. Ich musste lernen, der verlorene Sohn, die verlorene Tochter zu sein und mich aufmachen, um zu meinem Vater zurückzufinden. Wie schwer fiel es mir anfangs, meinen Stolz aufzugeben, ehrlich zu mir selbst zu sein und mein eigenes Ich so weit loszulassen, dass Gott an mir handeln konnte.

Er hat es wirklich getan und deshalb blicke ich heute auch hoffnungsvoll auf das Ziel, mein Leben in Ordnung zu bringen, Gott zu dienen und anderen Menschen zu helfen. Gott bietet mir ein neues Leben an, ein Leben in einer Fülle, die mir in unserer Beziehung – trotz aller menschlichen Liebe, Zuneigung und Glück – immer gefehlt hat. Und deshalb kann ich meine Kinder loslassen und sie getrost in Gottes gute Hände geben.

Gespräch mit Christus

Herr Jesus Christus, du bist in unsere Welt gekommen, damit wir Menschen Vergebung von Gott, unserem Vater, bekommen und Frieden finden. Aber du erwartest auch, dass wir Menschen einander vergeben. Kann ich das? Kann ich es wirklich lernen, Hussein zu vergeben, wo er doch das Schlimmste getan hat, was man einer Mutter nur antun kann? Kann ich es lernen, das Schicksal meiner Kinder so vollkommen in deine Hände zu legen und sie bei dir abzugeben, dass keine bitteren Gedanken mehr in mir sind?

Bitte vergib du mir, denn ich weiß, dass auch ich große Fehler gemacht habe. Ich war verliebt in einen gebildeten, mitfühlenden und gut aussehenden Mann und habe einfach nur nach meinen Gefühlen gehandelt, ohne nach deinem Willen für mein Leben zu fragen. Ja, ich habe alle guten Ratschläge und Warnungen in den Wind geschlagen, weil ich mir sicher war, dass ich alles besser und richtiger machen würde als die vielen anderen vor mir und nach mir. Ja, ich war mir geradezu sicher, dass Hussein und mir nichts passieren könne, weil wir uns liebten und weil wir so viele gemeinsame Interessen hatten. Wir hatten dieselben Träume, wollten unseren Kindern alle Möglichkeiten dieser Welt eröffnen und um dies zu erreichen, unsere Berufe optimal nutzen.

Ja, Herr, ich gebe zu, ich war hochmütig und stolz und habe mir selbst etwas vorgemacht. Es war ein selbstgebasteltes, sehr brüchiges Fundament, auf dem wir unser Lebenshaus bauten, nicht zuletzt deshalb, weil ich mir vorgemacht habe, dass Hussein und ich an einen gemeinsamen Gott glaubten. Mich störte zwar ein bisschen, dass du als Sohn Gottes dabei überhaupt nicht vorkamst, aber immer wieder tröstete ich mich mit dem Gedanken, dass das nicht das Wesentliche sei. Was für ein Selbstbetrug und was für ein Verrat an dir!

Auch als ich unseren kleinen Yosef damals heimlich taufte, weil ich wollte, dass er in deinem Namen aufwächst, betrog ich mich weiter. Ja, ich wurde nicht einmal dann ehrlich zu mir selbst, als Konflikte in unserer Ehe auftauchten. Zwar sah ich in diesen Momenten für kurze Zeit die riesigen Unterschiede zwischen Husseins und meinem Gott und spürte, dass Hussein mich von dir wegholen wollte, um mich ganz in die Nähe seines Gottes zu bringen. Doch kaum waren unsere Streitpunkte beigelegt, kaum hatten wir wieder zueinander gefunden, vergaß ich all meine Zweifel. Mit fliegenden Fahnen wandte ich mich dann wieder Hussein zu und verschloss weiterhin die Augen vor allen Problemen. Ja, in den Momenten der Versöhnung glaubten wir sogar, ein einzigartiges, außergewöhnliches Team mit sagenhaft produktiven und erfolgreichen Fähigkeiten und Ideen zu sein.

Eigentlich hätte ich wenigstens zu dem Zeitpunkt aufmerksam werden müssen, als meine Beziehung zu dir immer mehr abflachte und meine Gebete und Kirchgänge eher liturgischen Geländespielen glichen. Aber ich war ja so blind! Statt in der Abhängigkeit von dir zu leben, wurden Hussein und ich immer abhängiger voneinander. Und das Ende vom Lied war, dass du weiter und weiter in den Hintergrund rücktest und Hussein für mich immer wichtiger wurde, sodass ich am Ende gar nicht mehr ohne ihn sein konnte. Schließlich lebte ich nur noch zum Schein und meinen Kindern zuliebe mit dir. Wie weh muss ich dir damit getan haben!

Lieber Herr, diese Schuld will ich dir jetzt bringen. Bitte, vergib mir, dass ich nicht auf dich gehört habe und meine Beziehung zur dir gegen die Liebe eines Ehemannes eingetauscht habe. Bitte, vergib mir all meine Halbheit, meinen Selbstbetrug, das nicht-wahr-haben-Wollen meiner falschen Entscheidungen und hilf mir dabei, all das aufzuarbeiten, damit ich wieder heil und gesund werden kann. Bitte lass mich die notwendigen Schritte des Loslassens und des Weitergehens tun, damit mein Herz wirklich frei sein kann. Und dann, Herr, will ich bereit sein, denen mit Rat und Tat zur

Seite zu stehen, die in der Gefahr sind, ähnlich zu handeln, wie ich es einst getan habe.

Bitte, begleite mich dabei Schritt für Schritt und segne mich!

Schritt 1: Loslassen

Mit dem Wunsch, meine Erlebnisse aufzuarbeiten und anderen Frauen in ähnlichen Situationen zu helfen und ihnen vielleicht das zu ersparen, was ich selbst habe durchmachen müssen, stürzten erneut viele Fragen auf mich ein. Ist unser biblischer Gott und der Gott der Moslems nicht der Ewige und Allmächtige, der Schöpfer Himmels und der Erde? Und sind sie deshalb nicht ein und derselbe Herr dieser Welt? Hat dieser Gott nicht ausnahmslos alle Menschen gemacht, sie in ihrer Vielfältigkeit bejaht und ihnen Sehnsucht nach Gemeinsamkeiten gegeben? Werden die Unterschiede nicht von uns Menschen produziert, weil wir die Andersartigkeit unserer Mitmenschen nicht verstehen und tolerieren? Und kann eine Ehe zwischen einem Moslem und einem Christen nicht ebenso glücklich werden wie jede andere Ehe auch, wenn Liebe und gegenseitige Toleranz vorhanden sind?

Diese und ähnliche Fragen beschäftigten mich immer wieder, denn schließlich war ich doch eine Zeit lang mit einem gebildeten, toleranten und sehr liebevollen Mann glücklich verheiratet gewesen und hatte mit ihm vier gesunde Kinder bekommen! Wenn das nicht Gottes Wille gewesen war, hätte er es doch bestimmt verhindert, oder nicht? Und im Übrigen kann kein Mensch eine Garantie für das Gelingen einer Ehe geben, sei sie nun christlich oder moslemisch.

Wie also liegt die Sache wirklich?

Wie in den meisten Liebesbeziehungen hatten auch Hussein und ich bereits vor unserer Heirat viele Gespräche miteinander geführt, wobei wir unseren Glauben selbstverständlich nicht ausschlossen. Aber wie das wohl bei allen Verliebten so ist, waren auch wir blind für die Realität, denn im Zustand des Verliebtseins regierte uns nur der eine Gedanke: „Wir werden alles richtig machen!" Ja, wir glaubten anders zu sein als alle anderen, denn wir waren fest davon überzeugt, füreinander geschaffen zu sein. Deshalb würde es uns natürlich gelingen, auch in Ägypten eine vorbildliche und tolerante Ehe zu führen!

Ganz sicher waren unsere Absichten gut und edel, doch wir hatten in unserem Eifer vollkommen vergessen, dass unser Miteinander nur ein selbstgebasteltes Fundament hatte, das schnell brüchig werden konnte. Ja, wir lebten aus uns selbst heraus und aus unserer Liebe, die ihre Kraft aus dem gemeinsam Geschaffenen schöpfte. Unser Hauptinteresse galt unseren Kindern, der Medizin und unseren Berufen, die wir optimal nutzen wollten, um für unsere Kinder ein gutes Polster und damit eine gute Zukunft zu erwirtschaften.

Aber wir sahen nicht, dass uns das Wichtigste fehlte, nämlich der gemeinsame Glaube an den lebendigen Gott, der gleichzeitig Basis und Ziel ist. Ja, ich vergaß völlig das Wort aus dem ersten Korintherbrief, in dem es heißt: „Einen anderen Grund kann niemand legen, außer dem, der gelegt ist, welcher ist Jesus Christus." Und das blieb nicht ohne Folgen.

Anfangs klammerte ich mich regelrecht an den Gedanken, dass es gar nicht anders sein kann, als dass Husseins Gott und mein Gott ein und derselbe sind, der mich ebenso wie meinen Mann geschaffen hat und der uns beide durch und durch kennt und liebt. Nun gut, in Husseins Gottesbild fehlte Jesus Christus als Gottes Sohn. Aber war das denn wirklich so gravierend? Konnten wir nicht trotz kleiner Differenzen in unserem Glaubensleben eine erfüllte und harmonische Ehe führen?

Leider ging jeder noch so gut gemeinte Ratschlag spurlos an mir vorüber. Ich war blind und taub für die Warnungen meiner Freunde und meiner Familie und selbst die mahnenden Briefe meines Vaters und meines Bruders machten kaum Eindruck auf mich. Ja, sogar meine Freundin Ray aus Botswana, die mir immer so überaus positiv gegenübergestanden hatte, schien bereits damals das kommende Unheil gespürt zu haben. Noch am Tage unserer Hochzeit hatte sie Hussein in ihrem Gemischtwarenladen beiseite gezogen und ihm das

Versprechen abgenommen, mich gut zu behandeln und alles Unheil von mir fern zu halten. Hussein hatte zu ihren Worten bereitwillig genickt. Vielleicht zu bereitwillig!

Nach unserer Hochzeit lebte ich zunächst wie in einem bunten Zirkuszelt. Ich turnte fröhlich am Trapez des Lebens herum und schwang mich glückselig durch die Lüfte meiner Traumwelt. Doch kaum war ein Konflikt in Sicht, wurde schnell deutlich, dass Hussein und ich kein gemeinsames Fundament hatten. In solchen Augenblicken gab es zwischen Hussein und mir kein Miteinander mehr, im Gegenteil, wir wurden zu Fremden, ja fast zu Feinden. Und im gleichen Maße, wie wir beide voneinander Abstand nahmen, entfernten sich auch mein Gott und Husseins Gott voneinander, bis sie keinerlei Gemeinsamkeit mehr besaßen.

Aber wenn die Streitpunkte dann endlich mühselig beigelegt worden waren, wurde meine klare Sicht durch meine Liebe zu meinem Mann wieder verschleiert und ich dachte nicht mehr an das soeben Erfahrene. In diesen Augenblicken flammte unsere Liebe in neuer Intensität und Stärke wieder auf und entschädigte uns beide für das Gewesene. Sofort waren wir wieder das einzigartige, außergewöhnliche Team, das ungemein produktiv miteinander arbeitete, gute Erfolge hatte und dem alle Möglichkeiten offen standen.

Mit der Zeit gewöhnte ich mir einen regelrechten Mechanismus an, um mich abzulenken, sobald wieder neue beunruhigende Gedanken bezüglich unserer Ehe auftauchten. In solchen Situationen deckte ich mich immer dermaßen mit Arbeit ein, dass ich erst gar nicht mehr zum Nachdenken kam. Außerdem versuchte ich damit, mir selbst und anderen zu beweisen, dass Hussein und ich es trotz aller Schwierigkeiten schaffen konnten. Wäre ich jedoch in stillen Stunden einmal wirklich ehrlich zu mir selbst gewesen, hätte ich schnell gemerkt, dass meine harte Arbeit nur eine Art Ersatzreligion war.

Doch da ich das nicht wagte, schaukelte ich weiter durch die Lüfte meiner Traumwelt und glaubte sogar fest daran, auch in Zukunft eine lebendige Beziehung zu Gott haben zu können. Doch schon wieder machte ich mir etwas vor, denn ich spürte bald, dass meine Gebete immer lust- und kraftloser wurden und ich nur noch aus Gewohnheit an den Gottesdiensten meiner Gemeinde teilnahm als aus einem inneren Bedürfnis heraus. Das hatte dann schließlich unweigerlich zur Folge, dass der Islam immer stärker meinen Tagesablauf bestimmte. Das reichte sogar bis in unsere Intimsphäre hinein, da Hussein bestimmte Gebetszeiten einhalten und dafür rituelle Waschungen vornehmen musste. Mir blieb also nichts anderes übrig, als dies zu akzeptieren oder sogar mitzumachen, und irgendwann war es dann tatsächlich so weit, dass mein christlicher Glaube nur noch zum Schein existierte und nur, weil ich ihn wegen meiner Kinder gerne aufrechterhalten wollte. Bei alledem merkte ich nicht, dass dieser Umbruch innerhalb meines geistlichen Lebens eine zwangsläufige Folge war, denn man kann nun einmal nicht zwei Herren zugleich dienen, wie ich es in meiner Kurzsichtigkeit aber versucht habe.

Während unserer Zeit in Ägypten kam ich dennoch von Zeit zu Zeit mit Christen zusammen, jedoch leider fast immer nur aus beruflichen Gründen. In unserer Klinik in Kairo waren einige christliche Ärzte angestellt, weil sie gute und zuverlässige Mitarbeiter waren, aber auch, weil sie weniger Gelegenheiten als ihre moslemischen Kollegen hatten, ihr Geld in den reicheren arabischen Ölstaaten zu verdienen. Zu meinem Bedauern hatte ich zu diesen Mitchristen privat kaum Kontakt, denn die meisten von ihnen betrachteten mich als eine Art Abtrünnige, die ihren Glauben verriet und ihre Kinder dem Islam preisgab, gegen den sie selbst aber ihr Leben lang ankämpften. Und, streng genommen, war ich es auch.

Im gleichen Maße wie ich mich von Gott entfernte, entfernte ich mich auch immer mehr von mir selbst. Aber auch das merkte ich nicht sofort, weil sich mein Leben nach außen hin kaum änderte und ich mich deshalb nicht sonderlich umstellen musste. Zwar sah meine Kleidung in Ägypten etwas anders aus als zu Hause, denn dort durfte ich keine Hosen tragen, aber ich musste mich wenigstens nicht verschleiern. Und auch an andere kleine Einschränkungen gewöhnte ich mich so nach und nach, was mir allerdings nicht immer leicht fiel. Besonders wenn wir mit der ganzen

Verwandtschaft zum Schwimmen an die wundervollen Sandstrände des Mittelmeeres oder des Roten Meeres fuhren, wurde mir immer wieder schmerzlich bewusst, dass ich als Frau auf ein kühles Bad im Meer verzichten musste und nur Hussein und die Kinder dieses Privileg hatten. Den anderen Familienmitgliedern schien dieser Verzicht zudem überhaupt nichts auszumachen, denn Husseins Brüder konnten nicht schwimmen und die Frauen waren daran gewöhnt und kamen gar nicht erst auf den Gedanken, ins Wasser gehen zu wollen.

So saß dann die ganze große Familie in der glühenden Hitze auf riesigen Decken, auf denen enorme kulinarische Schätze ausgebreitet waren. Es gab stets ein riesiges Buffet mit belegten Broten, gebratenen Tauben, gefüllten Weinblättern oder Paprikaschoten mit Pommes frites, Coca Cola und Eis. Also alles, was sich ein hungriger und durstiger Mensch nur wünschen konnte, bis auf das eine, das Bad im klaren kühlen Wasser des Meeres.

Dass ich bei unseren üppigen Gelagen dann mal so ab und zu sehnsüchtig auf das einladende Nass blickte, war mir ja wohl kaum zu verdenken, denn ich sehnte mich nach einer guten Schwimmstunde im kühlen Meer. Aber leider blieb sie mir versagt und meinem Mann zuliebe fügte ich mich in mein Schicksal. Aber so ganz tief in meinem Innern verspürte ich ein Aufbegehren. Wieso, fragte ich mich, wieso erlaubte Allah nur den Männern bei 30–40 °C im Schatten die Wohltat einer kleinen Abkühlung? Hatte er denn dabei gar nicht an die Frauen gedacht? Aber ich schob dann schnell diese Frage wieder beiseite, denn mein Leben war bereits so sehr von Allah regiert, dass ich meine bittere Auflehnung tief in meinem Innern verbarg.

So war ich durch die Liebe zu meinem Mann unbewusst und auf indirekte Weise eine Dienerin Allahs geworden. Ich hatte es eigentlich nicht gewollt, aber mir war immer klarer geworden, dass ich in einer gesetzlichen Religion wie dem Islam nur durch Anpassung überleben konnte. Hätte ich hingegen nicht so angepasst gelebt, wie ich es eine Zeit lang getan habe, wäre unser Familienleben von vornherein zum Scheitern verurteilt gewesen. Da ich aber um jeden Preis eine intakte Familie wollte und eine glückliche Beziehung zu meinem Mann mit einer guten Zukunft anstrebte, blieb mir nichts anderes übrig, als das einmal Angefangene auch zu einem guten Ende zu bringen. So glaubte ich jedenfalls.

Dabei spielte natürlich auch meine elterliche Erziehung eine große Rolle. Denn in meiner ursprünglichen Familie existierten Begriffe wie „Familienzwist", „Trennung oder Scheidung" oder gar „Streit vor den Kindern" erst gar nicht. Und ich meinte, diesem durch ständige Anpassung, Gehorsam und blindes Mitmachen Rechnung tragen zu müssen, selbst gegen meine innerste Überzeugung. Aber das schien nicht nur mir so zu gehen, denn ich beobachtete das gleiche Phänomen bei den anderen ausländischen Frauen um mich herum. War Heuchelei und Rollenspiel also die richtige Überlebensstrategie in dieser Welt?

Nur zu gut erinnere ich mich an eine Situation, als meine Eltern nach Ägypten zu Besuch gekommen waren. Mein Vater war kein Kostverächter und trank deshalb abends gerne mal ein Gläschen Wein. Da es aber den Moslems verboten ist, Alkohol zu trinken, obwohl in Ägypten recht gute Weine angebaut werden, hatten wir natürlich auch keinen Wein im Haus. Ich fasste deshalb dann auch die Gelegenheit beim Schopf, diesen Wein einmal kosten zu können und besorgte heimlich eine Flasche. Nachdem dann mein Vater und ich jeder ein Glas davon getrunken hatten, versteckte ich die geöffnete Flasche in unserem Kleiderschrank, wo sie jedoch zu meinem Leidwesen umfiel und meine Kleider mit dem Geruch einer Weinschänke versah.

Dieses Versteckspiel gefiel mir zwar ganz und gar nicht, aber was hätte ich denn sonst tun sollen?

Andererseits gab es zwischen Hussein und mir auch viele Gemeinsamkeiten. Da war unser ständiger Kampf um einen guten Status, um Werte, die wir von zu Hause mitbekommen hatten, und wir verspürten beide in uns den Auftrag, in unseren Kindern das wach zu halten, was wir selbst schon fast aufgegeben hatten. Aber wie sollten wir das bei unserer verschiedenartigen Kultur und Religion nur hinbekommen?

Immer mehr Fragen kamen in mir hoch. Auf der einen Seite machte mir meine schleichende Veränderung und meine ungewollte Anpassung zu schaffen. Ständig fragte ich mich, ob ich mir nicht vielleicht selbst etwas vormachte und etwas überaus Wertvolles gegen etwas vollkommen Wertloses eintauschte. Aber dann sagte ich mir wieder, dass ich gar nicht anders handeln könne, weil ich doch immer nur das Beste für unsere Kinder gewollt habe und bei allem auch immer die schlechte wirtschaftliche Lage in Ägypten beachten müsse. Und im Übrigen waren die Moslems bestimmt ebenso gute Menschen wie die Christen, denn die islamischen Männer sorgten zumindest genauso gut für ihre Familien und ihre Moral schien im Großen und Ganzen sogar noch intakter zu sein als die der europäischen Männer.

Mit diesen Entschuldigungen und Selbsttäuschungen ging ich Schritt für Schritt in ein Leben ohne Gott, ja, dadurch entwertete ich mich geradezu selbst. Ich lebte jetzt ständig unter den Gesetzen einer fremden Kultur und einer noch fremderen Religion. Bestand da für mich nicht die Gefahr, dass ich mich ihr eines Tages ganz ausliefern würde, weil ich es müde war, ständig diplomatisch vorgehen und Kompromisse schließen zu müssen?

Trotz dieser Erkenntnisse machte ich so weiter wie bisher und versuchte auch jetzt noch, es allen recht zu machen, vor allem natürlich meinem Mann. Ich arbeitete in unserer Praxis, auf dem Bauernhof, den wir inzwischen dazugekauft hatten, in Schule, Haushalt und Kindererziehung und nahm zu alledem auch noch gesellschaftliche Verpflichtungen in Kauf. Doch manchmal kam die Frage in mir hoch, wo ich selbst bei all diesen Aktivitäten blieb?

Manchmal glaubte ich zu spüren, dass ich allmählich von allen Seiten zerrissen wurde. Und das entsprach so gar nicht meinem Naturell, denn es war eigentlich immer mein größter Wunsch gewesen, ganzheitlich zu leben. Aber war ein ganzheitliches Leben in Ägypten und verheiratet mit einem Moslem überhaupt möglich? Würde eine ganzheitliche Ehe mit einem Moslem nicht automatisch bedeuten, die eigenen Quellen zu verstopfen, um vollkommen aus den Quellen des anderen zu leben? Und war das dann noch so eine Partnerschaft, wie ich sie verstand?

Immer wieder dachte ich über die Konsequenzen nach. Ja,

mir war klar, dass ein ganzheitliches Leben meine Ehe mit einschloss und für mich früher oder später den Übertritt zum Islam bedeuten würde. Nun gut, dieses Ritual war sehr leicht zu vollziehen, denn ich hätte lediglich vor zwei männlichen Zeugen aussagen müssen, dass Allah mein einziger Gott und Mohammed sein Prophet sei. Dann hätte ich nur noch treu alle islamischen Gesetze befolgen müssen, um nach islamischem Glauben selig zu werden. Aber konnte ich das jemals tun? Zu meinem Glück hat Hussein mich nie dazu gedrängt, diesen Schritt zu vollziehen und ich selbst habe diesen Gedanken auch niemals ernsthaft erwogen.

Bei meinem Nachdenken über mich und meine Familie wurde mir damals außerdem immer wieder schmerzlich bewusst, dass unsere Kinder ja gar nicht mehr die religiöse Entscheidungsfreiheit hatten, wie Hussein es vor Jahren versprochen hatte. Nein, für die Kinder war die Entscheidung bereits gefallen, als wir nach Ägypten umgezogen waren. Denn dort waren sie Ägypter, für die natürlich auch die ägyptischen Gesetze galten. Und diese Gesetze besagten nun einmal, dass unsere Kinder, die ich eigentlich hatte christlich erziehen wollen, in eine Koranschule gehen mussten. Da gab es kein Wenn und Aber!

Wenn nun also Yosefs deutsche Freunde in den Religionsunterricht gingen, nahm er selbst an einer Koranstunde teil. Und wenn in Nadiahs Kindergarten die deutschen Schwestern den Kleinen von Jesus Christus erzählten, musste meine kleine Tochter mit den islamischen Mädchen die Gruppe verlassen, um von einer verschleierten Frau in die Wasch- und Gebetspraktiken des Islam eingeführt zu werden.

Diese Regelungen riefen Gefühle der Bitterkeit und Rebellion in mir hervor. Aber was hätte ich schon unternehmen können? Eigentlich gar nichts, denn ich konnte mir längst an allen fünf Fingern abzählen, dass ich bei einer Religion, die alles ohne jede Entscheidungsfreiheit durch das Gesetz regelt, entweder eines Tages ein krasser Außenseiter in meiner eigenen Familie sein würde oder mich selbst aufgeben musste. Und ich wollte keines von beiden. Was für ein Dilemma!

Trotz meines innerlichen Aufbegehrens entfernte ich mich allmählich immer mehr von mir selbst und das wurde durch meinen Ehemann, der es immerzu gut mit mir meinte, nur noch verstärkt. Husseins Liebe und Fürsorglichkeit verleiteten mich dazu, auf andere Dinge zu sehen, was mir bald den Blick auf mich selbst verstellte.

Diesen schleichenden Prozess bemerkte ich kaum, sondern spürte erst während unserer Ferien in Deutschland, was da so langsam mit mir passiert war. In meiner alten Heimat fand ich jedes Mal langsam aber sicher zu meiner eigenen Identität zurück und versuchte dann in allerkürzester Zeit das auf- und zurückzuholen, was mir in Ägypten abhanden gekommen war. Und das war natürlich unmöglich! So blickte ich deshalb neidisch auf meine Bekannten und Verwandten, die in einem christlichen Umfeld leben durften und nicht mit solchen Schwierigkeiten zu kämpfen hatten. Wie gerne wäre ich einfach so gewesen wie sie!

Aber meine Gefühle waren gleichzeitig auch sehr vielschichtig, denn manchmal genoss ich regelrecht die Tatsache, dass sich meine Familie von den anderen abhob. Ich empfand Genugtuung, wenn ich die Bewunderung der Menschen um mich herum bemerkte, denn immerhin war ich mit vier niedlichen, exotisch aussehenden Kindern unterwegs, die dazu noch fließend drei Sprachen sprechen konnten. Und wenn dann manchmal auch noch mein gut aussehender, schwarz gelockter Mann dabei war, der die Neugier und Bewunderung meiner Mitmenschen auf sich zog, platzte ich fast vor Stolz. Das alles ließ mich dann mein Unbehagen für einige Zeit vergessen.

Aber wenn ich damals ehrlich zu mir selbst gewesen wäre, hätte ich zugeben müssen, dass ich am liebsten in Deutschland geblieben wäre, meine Kinder in die Schule meiner Heimatstadt geschickt hätte und zusammen mit ihnen in unsere Gemeinde gegangen wäre.

Du kannst eben nicht alles haben, tröstete ich mich dann schnell und ließ weitere Gedanken erst gar nicht zu. Aber dennoch spürte ich sehr wohl, dass ich beständig in den wesentlichen Teilen meines Wesens beschnitten wurde, während die unwesentlichen immer weiter wucherten.

Wenn wir dann wieder nach Ägypten zurückgekehrt waren, wurde mir so richtig deutlich, dass ich durch mein

Leben in einem islamischen Umfeld dabei war, meine Seele zu verlieren. Ich hatte beständig versucht, die „Dienerin zweier Herren" zu sein und das konnte natürlich auf die Dauer nicht gut gehen. Mir ging allmählich auf, dass ich die einzig wahre Kraftquelle – meinen Herrn Jesus Christus – verlassen hatte und nur noch aus meiner eigenen Kraft lebte, die natürlich irgendwann am Ende sein würde. Ich war damals die Schöpferin meiner eigenen kleinen Welt, sah gespannt auf die Fortschritte meiner Kinder und war geblendet von meinem eigenen Erfolg. Aber war ich denn jemals in der Lage, das alles aufzugeben?

Erst bei meiner Pilgerreise in die Wüstenklöster, als ich mit einem der dort lebenden Mönche ins Gespräch kam, ging mir wirklich auf, was mit mir in der Zwischenzeit geschehen war. Dieser Mann machte mir klar, dass ich keine lebendige Christin sein konnte, solange ich mit einem Moslem verheiratet war.

„Sie werden Ihre Kinder verlieren oder Ihre Seele!", hatte er mir damals bei meinem letzten Aufenthalt in Ägypten gesagt, der eigentlich ein Versöhnungsurlaub mit Hussein hatte werden sollen.

Und er sollte Recht behalten: Ich habe zwar meine Seele wiedergefunden, aber ich habe meine Kinder verloren. Denn genau an diesem Tag habe ich sie zum letzten Mal in die Arme geschlossen, bevor sie mir von Hussein für immer entrissen worden waren! Bis heute habe ich sie nicht wieder gesehen.

Aber durch Gottes Gnade und seine wunderbare Hilfe habe ich angefangen, den überaus wichtigen Schritt des Loslassens zu tun. Und so habe ich meine Seele behalten dürfen, wenn ich auch meine Kinder hergeben musste!

Was für ein Tausch!

Gespräch mit Gott

Heiliger Gott, du hast meine Seele vor Schaden bewahrt und das war sicher nicht mein Verdienst. Ich habe in meinem Leben auf so vieles geachtet, auf eine gute Erziehung für meine Kinder, auf Wohlstand, Anerkennung und die Achtung meiner Mitmenschen. Ja, ich wollte etwas Besonderes leisten, wollte beliebt sein und ein gutes Einvernehmen mit einem Ehemann haben, der für mich inzwischen wichtiger geworden war als du.

Aber du, Herr, du hast mein Spiel nicht mitgemacht. Du hast beizeiten einen Riegel vorgeschoben, der für mich sehr schmerzhaft, aber auch sehr wirkungsvoll war.

„Was hilft es dem Menschen, wenn er die ganze Welt gewinnt und dabei Schaden an seiner Seele nimmt", hast du in deinem Wort gesagt. Erst jetzt verstehe ich diesen Satz so richtig und erkenne, wie wunderbar du an mir gehandelt hast. Du hast mir meine Seele zurückgegeben und dafür danke ich dir. Denn was hilft es mir, wenn ich alles gewinne – selbst ein noch so glückliches Leben mit meiner Familie –, wenn ich dabei meine Seele verliere.

Aber, Herr, was ist mit meinen Kindern? Wirst du sie mir eines Tages zurückgeben? Und wirst du mir helfen, meinen nächsten Schritt im Loslassen meiner Familie so zu vollziehen, wie es für mein Weiterleben nötig ist?

Ich vertraue dir, Gott, und möchte meinen nächsten Schritt in diesem Vertrauen auf dich gehen. Bitte, hilf mir, meinen Schmerz und meine Fehler zu verarbeiten und arbeite du an mir.

Schritt 2: Die Trennung verarbeiten

Nachdem ich nach dem schmerzhaften Verlust meiner Kinder wieder halbwegs zu mir selbst gefunden hatte, stellten sich mir die folgenden Fragen: *Wie kann ich die Trennung von meinen Kindern verarbeiten? Und wie kann ich die Trennung von meinem Mann verarbeiten?*

Da in diesen Fragen zwei verschiedene Bereiche meiner Seele angesprochen werden – einmal die gewaltsam herbeigeführte Trennung von meinen Kindern und zum Zweiten die für mein Seelenleben notwendige Trennung von Hussein – hatte ich auch die Absicht, sie getrennt voneinander zu behandeln. Aber trotzdem floss beides immer wieder ineinander, denn schließlich haben diese Bereiche sehr viel miteinander zu tun.

Natürlich hätte ich mir zu keiner Zeit vorstellen können, von meinen Kindern getrennt zu leben, nicht einen einzigen Tag! Nein, das war für mich stets undenkbar, nicht zu fassen, nicht auszumalen gewesen! Aber ...

. . . aber es wurde dann doch Realität. Und es blieb mir nichts anderes übrig, als mich ihr tagtäglich immer wieder neu zu stellen. Jeden Morgen machte ich mir erneut klar: *Meine vier geliebten Kinder, Yosef, Nadiah, Salem und Hannaa leben in Kairo, nur vier Flugstunden von mir entfernt. Und doch scheint eine ganze Welt zwischen uns zu liegen! Werden wir diese Entfernung in unserem Leben jemals überwinden und uns wieder sehen?*

Im Gegensatz zu der Trennung von meinen Kindern, die ja eher einem gewaltsamen Entreißen geglichen hatte, war die Trennung von Hussein anders verlaufen, nicht so abrupt, sondern eher fließend, ja fast wie in Raten. Er hatte eine Zeit lang in Ägypten gelebt, während ich mich mit unseren Kindern in Deutschland aufgehalten hatte. Bereits zu diesem Zeitpunkt hatte sich der Zerbruch unserer Ehe deutlich angekündigt. Aber trotz all unserer Probleme habe ich damals immer wieder Hoffnung auf einen Neuanfang gehabt und deshalb versucht, wenigstens durch tägliche Telefonate mit Hussein den Schaden einigermaßen zu begrenzen. Also schlich ich mich abends, wenn die Kinder schliefen, zu einer Telefonzelle und sprach mit ihm oder versuchte es zumindest. Wenn ich mich dann anschließend wieder auf den Heimweg machte, fühlte ich mich oft so einsam und verlassen, dass mir Tränen über mein Gesicht rannen. Ja, in diesen Momenten war mir, als sei ich die einzige Frau in dieser Welt, die in der Gefahr stand, ihren Ehemann zu verlieren oder die ihn bereits verloren hatte. Und – was noch viel schlimmer war – mir schien, als hätte ich außerdem kein Gottvertrauen mehr.

Natürlich versuchte ich während dieser Zeit, möglichst meinen traurigen Zustand vor den Kindern zu verbergen, was mir aber sicherlich nur unzureichend gelang, denn Kinder wissen oft mehr, als ihre Eltern ahnen. Aber ich wollte nicht zugeben, dass unsere Ehe gescheitert war und tat weiterhin so, als wären wir eine völlig intakte Familie, die nur ausnahmsweise ohne den geliebten Vater auskommen musste. Und weil Hussein sich zu diesem Zeitpunkt in keiner Weise um die Kinder kümmerte, kaufte ich heimlich Geschenke für sie, die dann angeblich von ihrem Vater waren. Ich machte mir und ihnen etwas vor. Erst als Hussein sich bei einem meiner Telefonanrufe zunächst verleugnen ließ, dann später aber doch ans Telefon kam und mich inständig darum bat, ihn nie wieder anzurufen, weil meine Versöhnungsversuche für ihn Quälerei waren, spürte ich, dass ich einer Illusion nachgejagt war.

Umsonst, ging es mir damals durch den Kopf. Ja, alles was ich getan hatte, war umsonst gewesen: meine Anpassung bis hin zur Selbstaufgabe, mein Identitätsverlust, mein ständiger Kampf um Verständnis und meine Bemühungen um Versöhnung. Umsonst, alles war umsonst gewesen!

Aber gleichzeitig fühlte ich mich wie jemand, der ein altes Kleid ablegt, das ihm eigentlich nie wirklich gepasst und in dem er sich nie richtig wohl gefühlt hat. Das war doch immerhin etwas Gutes. Zumindest wäre es das gewesen, wenn ich mit dem Ablegen des alten Kleides auch gleichzeitig ein neues angelegt hätte!

Dazu war ich jedoch leider noch nicht in der Lage. Im Gegenteil, ich wollte mein altes, unpassendes Kleid zurückhaben und zog es dann auch sofort wieder an, als Hussein zu einem erneuten Besuch nach Deutschland kam. Wir waren offen füreinander, sprachen über viele Dinge und meine Hoffnung blühte sofort wieder auf, dass wir vielleicht doch noch unsere Schwierigkeiten überwinden konnten. Nach all den Tiefen der letzten Zeit fühlte ich mich endlich wieder umworben, begehrt und geliebt. Es tat so gut, alles wieder zurückzubekommen, was ich schon verloren geglaubt hatte. Und unsere Liebe schien zu neuem Leben zu erwachen.

Plötzlich sah ich die glücklichen Menschen meiner Umgebung mit ganz anderen Augen. Nein, jetzt musste ich nicht mehr neidvoll abseits stehen und zusehen, wie andere liebten und geliebt wurden. Jetzt durfte ich wieder einer von ihnen sein und wurde vom Zuschauer zum Mitspieler. Wie gut das tat!

Leider reiste Hussein wieder ab, ohne dass wir eine dauerhafte Lösung für unsere Probleme gefunden hatten. Aber dennoch lösten alle seine späteren Lebenszeichen – waren es Anrufe oder Briefe – geradezu Ströme der Hoffnung bei mir aus und verführten mich zu Träumen, die kaum der Realität entsprachen. Meine Gedanken und Sehnsüchte befassten sich ständig mit Hussein, mit einem möglichen Neuanfang in unserer Ehe, mit meinen Kindern und meinem Beruf, mit unseren täglichen Bedürfnissen wie Kleidung, Essen, Finanzen, Schulprobleme usw. Dabei verlor ich völlig die Beziehung zu Gott, denn ich beachtete ihn kaum noch als die Quelle meiner Kraft und meines wirklichen Heils.

Ich fühlte es und wusste es. Und dennoch beruhigte ich mich erst einmal damit, dass ich es als allein Erziehende und dazu noch berufstätige Mutter ja auch nicht leicht hatte. Natürlich bemerkte ich an den Blicken der anderen, dass ich mit meinen vier fremdländisch aussehenden Kindern aus der allgemeinen Norm herausfiel, aber mir war nicht recht klar, ob ich bewundert oder bemitleidet, verachtet oder anerkannt wurde. Vorsichtshalber spielte ich also gleich mehrere Rollen auf einmal, um allen Eventualitäten gerecht zu werden: Einmal war ich die nachgiebige, liebevolle Mutter, dann der strengere, etwas distanzierte Vater und gleichzeitig die berufsorientierte starke Frau, die alles unter einen Hut bringt. Ich tat alles, um Anerkennung und Erfüllung zu finden, half mit bei Elternabenden und Kindergartenfesten, spornte meine Kinder zu immer höheren Leistungen und zu vielen Freundschaften an und versuchte alles, um ein „normales Leben" führen zu können. Aber im Grunde tat ich das nur, um die Leere in meinem Inneren zu überdecken.

Als ich das begriffen hatte, versuchte ich erneut eine Beziehung zu Gott aufzubauen. Deshalb stand ich morgens schon um fünf Uhr auf, um die erste Stunde des Tages für mich ganz alleine zu haben. Ich hielt wieder Zwiesprache mit Jesus, lernte von neuem auf Gottes Stimme zu hören und spürte, wie mein Herz sich wieder mehr und mehr meinem Schöpfer zuwandte.

Als Hussein dann 1993 zu seinem zweiten Besuch nach Deutschland kam, fühlten sich unsere Kinder hier schon so richtig zu Hause. Stolz führte ich meinem Mann vor, was ich alles geschafft hatte, übersah geflissentlich seine Enttäuschung und gab mich sogar der Illusion hin, er könne doch mit seiner wohlgeratenen und tüchtigen Familie sehr zufrieden sein. Wieder wollte ich die Probleme nicht sehen, sondern spielte einfach heile Welt. Und Hussein übernahm auch noch willig die ihm zugedachte Rolle, wenn auch nur für kurze Zeit. Denn zu diesem Zeitpunkt hatte Hussein sicherlich längst andere Pläne, in denen ich als Ehefrau und Mutter nicht mehr vorkam. Nur habe ich damals leider nichts davon geahnt. Und als ich es dann endlich begriffen hatte, war es zu spät für mich und meine Kinder, viel zu spät!

In meiner Unwissenheit habe ich mich von Hussein mit falschen Versprechungen zu einem Urlaub nach Kairo locken lassen. Und genau da ist es passiert: Hussein hat mir meine Kinder entrissen, sie entführt, als ich einen Tagesausflug in ein Kloster gemacht habe. Ich habe nicht einmal Abschied von ihnen nehmen können und weiß bis heute nicht, ob ich sie jemals wieder sehen darf. Aber in meinem Herzen werde ich mich niemals von meinen Kindern trennen, sie werden dort für immer einen Platz haben. Außerdem werde ich niemals die Hoffnung aufgeben, sie eines Tages doch noch einmal in meine Arme schließen zu können.

Das also ist der Unterschied in der Trennung von meiner Familie: Die Trennung von meinen Kindern wurde „nur" rein äußerlich vollzogen, innerlich war und bin ich immer noch mit ihnen durch ein starkes Band verbunden. Dagegen ist die Trennung von Hussein durch seinen Gewaltakt der Entführung äußerlich sowie innerlich eine Realität, die nicht wieder rückgängig zu machen ist. Mit Gottes Hilfe konnte ich die allzu starken Gefühlsbindungen abstreifen, die mich immer wieder zu Hussein zurückgezogen haben, sodass ich heute frei von ihm bin, frei von Liebe und Hass. Dadurch habe ich nun wieder genügend Raum in meinem Herzen, der ganz neu ausgefüllt werden will.

Gespräch mit Gott

Herr, die Trennung von meinen Kindern schmerzt noch immer, manchmal sogar so stark, dass ich kaum atmen kann. Ich vermisse sie so sehr und kann es oft gar nicht fassen, dass sie nicht mehr in meiner Nähe sind. Und natürlich mache ich mir auch Gedanken darum, wie es ihnen in Ägypten ergehen mag. Ob sie wohl manchmal an mich denken? Oder haben sie mich bereits aus ihren Herzen gestrichen? Besonders bei Hannaa habe ich Angst, dass sie mich mittlerweile vergessen hat, denn sie war ja noch so klein, als wir uns zum letzten Mal gesehen haben. Aber sicher ist es auch bei Yosef nicht viel anders, denn er ist ja jetzt schon fast ein Mann und hat bestimmt ganz andere Dinge im Kopf als seine Mutter im fernen Deutschland.

Mit deiner Hilfe habe ich gelernt, meine Kinder loszulassen und sie dir ganz anzuvertrauen. Du, Herr, kennst sie ganz genau, jedes Einzelne von ihnen. Du weißt von ihren Gedanken und Gefühlen, von den Tränen, die sie vielleicht manchmal heimlich geweint haben, du kennst ihre Sehnsüchte und Wünsche. Und du weißt auch, wie es um ihren Glauben an dich bestellt ist. Ja Herr, es macht mir große Sorgen, wenn ich an ihre Seelen denke, die noch so jung und verwundbar sind, die sich vielleicht nach dir und der Freiheit sehnen, die du deinen Kindern anbietest. Bitte, lass nicht zu, dass sie durch die harten, manchmal sogar unmenschlichen Gesetze des Islam verkrümmt werden.

Mir ist klar, dass ich im Moment nichts für meine Kinder tun kann, auch wenn mir bei diesem Gedanken das Herz schwer ist. Aber du kannst ihre Seelen heilen und ihnen die Möglichkeit schenken, erneut dem wunderbaren und liebenden Gott ihrer Kindheit zu begegnen. Ich will dir vertrauen, Herr. Ich will dir meine Kinder anvertrauen, ganz und gar, und in diesem Vertrauen mit dir den nächsten Schritt wagen.

Schritt 3: Lösung vom alten Leben hin zu einem neuen Leben

Mein Leben mit Hussein, teils in Afrika, teils in Ägypten oder Deutschland, war sicher nicht das einer deutschen Durchschnittshausfrau. Manchmal war es reich gefüllt und äußerst interessant, häufig aber auch hektisch und voller Tatendrang, der mich trotzdem nie an das ersehnte Ziel gebracht hat. Heute frage ich mich manchmal, ob ich eigentlich wirklich selbst gelebt habe oder von außen gelebt wurde. Hatte eigentlich ich die Dinge im Griff oder hatten sie vielmehr mich im Griff?

Während meiner Zeit in Ägypten wurde mein Leben mehr und mehr zu einem Kampf ums Überleben, das strategisch geplant werden musste. Denn obwohl wir beide sehr hart arbeiteten, wurde unser Einkommen von unseren wachsenden Ansprüchen immer komplett aufgefressen. Als Folge dessen mussten wir dann schließlich nur noch mehr arbeiten, um unsere Träume verwirklichen zu können.

Grund für unsere finanzielle Misere war, dass sich Husseins Arztpraxis in einem armen, übervölkerten Stadtteil Kairos und zu allem Übel auch noch hinter einer Metzgerei befand. Dazu kam noch, dass wir es nicht übers Herz brachten, den teilweise sehr armen Patienten hohe Honorare abzuknöpfen. Weil ich wegen Husseins relativ geringem Einkommen weiter als Zahnärztin arbeiten musste, blieb uns nichts anderes übrig, als ein Haus- und Kindermädchen einzustellen. Dies wiederum erhöhte unsere Ausgaben zusätzlich zu dem hohen Schulgeld, das wir für die deutsche Schule bezahlen mussten, auf die unsere Kinder damals gingen. Also blieb unterm Strich für unsere persönlichen Bedürfnisse nicht viel übrig.

Durch unsere Farm auf dem Land hatten wir zwar genügend eigene frische Lebensmittel und trotzdem war das Geld häufig immer noch rar. Wie froh waren wir deshalb über den Ideenreichtum meiner deutschen Familie, die es wieder und wieder möglich machte, uns – unter Umgehung der landesüblichen Einfuhrzölle – Päckchen mit Praxisinstrumenten, Kleidung oder Kinderspielzeug zukommen zu lassen. Meine Mutter schien nahezu jede Touristengruppe in Deutschland ausfindig zu machen, denen sie Päckchen für uns mitgab. Wir klapperten dann die einzelnen Hotels ab und sammelten alles ein, was Mutter so liebevoll für uns organisiert hatte. Zugegeben, manchmal war ich ein bisschen traurig, wenn ich all den Luxus sah, den die Touristen um sich hatten, und ihn dann mit meinen Lebensumständen verglich. Aber es waren auch gute Begegnungen dabei und manchmal luden wir den einen oder anderen Touristen in unser Haus oder auf unsere Farm ein, um ihm das wirkliche Leben in Ägypten vor Augen zu führen.

Ein besonderes Wechselbad der Gefühle erlebte ich jedoch jedes Mal während meiner Urlaube in meiner Heimat. Die Sommerferien verbrachte ich meistens mit den Kindern in Deutschland und einige Male war auch Hussein dabei. Dann durfte ich sechs herrliche Wochen lang Tourist im eigenen Land spielen, durfte den Wohlstand genießen und heiles christliches Familienleben demonstrieren. Den Menschen in Deutschland erzählte ich nichts von unserem Überlebenskampf in Ägypten, sondern tat so, als führte ich dort ein interessantes exotisches Leben.

Doch wie bei vielen Frauen in meiner Situation spielte sich der eigentliche Kampf in meinem Innern ab. In Deutschland wollte ich sein wie die deutschen Frauen, wollte so richtig *dazugehören*, merkte dann aber immer wieder schmerzlich, dass dies nicht einfach so von jetzt auf gleich möglich war. Denn ich hatte mich bereits derart weit von meinen Wurzeln entfernt, dass ich durch sie nicht mehr so ohne weiteres frische Nahrung aufnehmen konnte.

Bei Hussein war inzwischen genau das Gegenteil eingetreten: Er war mittlerweile so sehr zu seinen Wurzeln zurückgekehrt, dass er nicht mehr in der Lage war, sie abzuschneiden.

Deshalb trat auch bei Hussein das ein, was bei vielen Moslems außerhalb ihres eigenen Landes zu beobachten ist: Sobald sie sich in einem christlichen Land aufhalten, wenden sie sich nur noch stärker dem Islam zu und werden immer fundamentalistischer. Diese Wendung machte mein Leben nur noch schwerer.

Während dieser Deutschlandaufenthalte stand ich dann auch beständig unter einem immensen Druck, der mir das Gefühl bereitete, nicht mehr über mich selbst bestimmen zu können, sondern nur noch von meiner Umgebung in die eine oder andere Richtung geschoben oder gezogen zu werden. Ich hatte dieses Gefühl ja bereits in Ägypten gehabt, doch in Deutschland verstärkte es sich nur noch mehr, anstatt sich, wie von mir erhofft, zu verringern. Ich fühlte mich ständig von meinen Eltern und Geschwistern beobachtet und von meinem Mann kritisiert, für den plötzlich nur noch die Gesetze des Islam wichtig zu sein schienen. Langsam aber stetig verwandelte sich der einstmals so tolerante Ehemann und Vater zu einem zwanghaften Fundamentalisten, der glaubte, seine Kinder vor der allzu lockeren Moral und dem aufklärerischen Denken einer christlichen Umwelt bewahren zu müssen. Er konnte nicht mit ansehen, wie sich seine Kinder in das freizügige westliche Leben stürzten, wie sie Freundschaften schlossen und frei und ungehemmt ihre Meinung äußerten. Aber anstatt mit den Kindern offen über seine Gefühle zu reden, zog er sich mehr und mehr von ihnen zurück.

Als ich das erkannt hatte, ergriff mich eine unendlich große Trauer. Ich litt sehr unter dieser Situation, aber ich konnte an ihr nichts ändern, denn ich war selbst manchmal am Ende meiner Kraft. Ich fühlte mich geschlagen, seelisch und auch körperlich, denn Hussein hatte inzwischen begonnen, mich physisch zu misshandeln, was ihm vom Koran nicht nur ausdrücklich gestattet, sondern sogar empfohlen wurde. War das nun der Anfang vom Ende unserer Ehe? Oder war es bereits das Ende?

Zunächst war mir das nicht so recht klar. Aber während meines letzten Aufenthaltes in Deutschland und der langen Trennung von Hussein spürte ich deutlich, dass ich nicht mehr in Ägypten leben konnte. Ich wollte wieder *eindeutig* leben und mein *zweideutiges* Leben zwischen Allah und Gott nicht länger fortführen.

Und – was das Wichtigste war – Jesus Christus sollte wieder die Mitte meines Lebens sein.

Ich betete um die Erfüllung meiner Wünsche und Gott erhörte mich. Aber was hat mich dieser Schritt gekostet! Denn die Eindeutigkeit meines neuen Lebens wurde besonders in dem Augenblick geprüft, als ich zum zweiten Mal nach Ägypten reiste, um meine Kinder zu suchen und sie vielleicht heimlich wieder mit nach Deutschland nehmen zu können.

Erst später wurde mir jedoch klar, dass mein Beweggrund bezüglich dieser Reise neben meinen Kindern auch Hussein gewesen war, jedenfalls zu dem damaligen Zeitpunkt. Denn noch immer war er fest in meinem Kopf verankert – vielmehr in meinem Herzen! Sicherlich habe ich mit meiner Aktion nicht nur die Sehnsucht nach meinen Kindern, sondern auch die nach Hussein stillen wollen. Vermutlich habe ich ihn so sehr durch meine Tatkraft beeindrucken wollen, dass er schließlich nachgab? Jedenfalls wäre ich am liebsten auf ihn zugeflogen, als ich ihn dann heimlich von der Straßenecke aus wieder sah. Ich hätte ihm in diesem Augenblick am liebsten meine ganze Liebe, mein Vertrauen, meine Anhänglichkeit, ja sogar meine Unterordnung zu Füßen gelegt und ihm gesagt, dass alles nur ein Irrtum gewesen sei.

Aber dann kam die Verfolgungsjagd, die meine Gefühle vollkommen verändert hat. Damals sah ich Hussein mit den Kindern im Auto sitzen und beobachtete, wie die Kinder auf seinen Befehl hin plötzlich auf dem Boden des Wagens verschwanden. In diesem Moment lag in Husseins Blick und in seiner Haltung eine Härte, wie ich sie nie zuvor an ihm erlebt hatte. Ich litt in diesem Augenblick unsagbare Schmerzen und trotzdem war ich immer noch nicht bereit zu glauben, dass unsere *unsterbliche* Liebe wirklich jemals vergehen sollte.

Selbst als ich später mit meiner Freundin in der Schule meiner Kinder nach ihnen suchte und mir durch das Gespräch mit der Direktorin und den Lehrerinnen langsam klar wurde, was für furchtbare Lügengeschichten Hussein über mich erzählt haben musste, meinte ich noch immer, ihn verteidigen und sein Handeln rechtfertigen zu müssen. Doch dann erkannte ich plötzlich, was eigentlich mit mir geschehen war: Ich war schlichtweg abhängig von Hussein! Und aus dieser Abhängigkeit heraus konnte ich mich nur mit der Hilfe Gottes und durch meine eindeutige Hinwendung zu ihm befreien.

Schließlich gab mir Gott die Kraft, auf eine Entführung meiner Kinder nach Deutschland verzichten zu können. Und das kam folgendermaßen: Während meines zweiten Besuches in Ägypten, nachdem meine Kinder entführt worden waren, lernte ich dort einen Mann kennen, der – natürlich gegen entsprechende Bezahlung – die Entführung meiner Kinder zurück nach Deutschland in die Wege leiten sollte. Doch als ich dann von meinem zwielichtigen *Beschützer* erfuhr, dass er nur eines oder höchstens zwei meiner Kinder entführen und zum Flugzeug bringen könne, änderte das für mich augenblicklich die Lage. Mir wurde klar, dass ich meine Kinder nicht einfach auseinander reißen durfte. Wie und nach welchen Gesichtspunkten hätte ich die Kinder denn auch auswählen sollen, die ich mitnehmen konnte? Und wie würden sich die Zurückgelassenen fühlen? Außerdem konnte eine weitere Entführung und die Trennung der Kinder voneinander ihren Seelen einen unermesslichen Schaden zufügen.

In dieser Situation kam mir die Geschichte der Mutter zur Zeit des Königs Salomo in den Sinn, die lieber ihr Kind einer anderen Frau überließ, als es vom König teilen zu lassen. In diesem Moment wurde mir klar, dass ich eher auf alle meine Kinder verzichten würde, als sie auseinander zu reißen.

Ich war unendlich traurig, aber dennoch befreit. Denn mit diesem Schritt hatte ich mich für ein neues Leben und einen *eindeutigen*, auf Gott ausgerichteten Lebenswandel entschieden. Viele meiner Entscheidungen, die ich bis zu diesem Zeitpunkt verteidigt, erklärt oder als gute Taten verkleidet hatte, erkannte ich nun schlichtweg als Schuld. Ja, es war Schuld gewesen, zweideutig zu leben, von einem Menschen abhängig zu sein und sich nach Menschen und nicht nach Gott zu richten! Es hatte mir bisher nur der Mut gefehlt, dies zu erkennen und zu verändern. Nun aber konnte ich loslassen und das war ein große Gnade für mich!

Natürlich waren und bleiben meine Kinder ein Geschenk Gottes. Das hat sich auch durch mein Loslassen von ihnen nicht geändert. Geändert hat sich nur die räumliche Distanz zu ihnen. In meinen Gebeten und meinem Segnen bin ich ihnen immer ganz nahe, vielleicht sogar näher, als manche Mutter, die ständig mit ihren Kindern zusammen ist.

Meine Entscheidung, aus Liebe auf meine Kinder zu verzichten, stieß natürlich bei vielen Menschen auf Unverständnis und Widerstand. Ich wurde kritisch gefragt, wieso ich mich als Christ nicht freiwillig dem Islam aussetzen würde, um bei meinen Kindern sein zu können, um sie so vor dieser Religion zu schützen.

„Sicher!", schrie mein Herz dann laut die Antwort. „Sicher! Ich würde am liebsten sofort aufbrechen, um bei meinen Kindern zu sein, denn sie brauchen mich so sehr!" Aber ich wusste genau, dass das nichts bringen würde, da ich in Ägypten selbst als leibliche Mutter keinerlei Möglichkeit mehr hatte, meine Kinder vor dem Islam zu schützen. Dort waren sie bereits durch ihre Geburt Moslems unter den fest gefügten Gesetzen des Islam, die ich auch beim besten Willen nicht durchbrechen konnte.

Andere Menschen hielten mir vor, dass der Islam eine von Gott gesegnete Religion und Abraham schließlich unser gemeinsamer Stammvater sei, es also gar nicht so gravierende Unterschiede geben könne. Was für eine falsche Sicht! Denn an welche Stelle würde ich dann Jesus Christus, den Sohn Gottes, stellen? Würde ich auf diese Weise aus ihm nicht auch nur einen hervorragenden Menschen und guten Propheten machen, wie es die Moslems bereits getan haben? Aber damit konnte ich nicht einverstanden sein, denn Jesus ist für mich – wie für alle entschiedenen Christen – der Sohn des einzig wahren Gottes, der Heiland und Erlöser, der in unsere sündhafte Welt gekommen ist, um uns mit seinem Vater zu versöhnen.

Aber Jesus hat in seinem Wort ebenso gesagt, dass er nicht gekommen sei, um Frieden zu bringen, sondern das Schwert (Matthäus. 10,34–39). Tatsächlich, erfuhr ich am eigenen Leib, wie sich Familienmitglieder und Freunde um seinetwillen entzweiten. Doch gleichzeitig schenkt er denen seinen

Frieden, die sich danach ausstrecken, und das spüre ich immer wieder an meinem eigenen Leib. Denn wenn auch heute meine menschliche Natur noch manchmal danach schreit, dass ich Recht bekomme und meine Kinder zu mir zurückkehren dürfen, lehrt mich stattdessen meine Beziehung zu Jesus, mich ihm völlig anzuvertrauen und meine Zukunft ganz in seine Hände zu legen.

Gespräch mit Jesus Christus

Herr, du hast mich nicht gezwungen, zur dir zurückzukommen, als ich meine eigenen Wege gegangen bin und lieber alleine über mein Leben entscheiden wollte. Du hast mich aber auch nicht aufgegeben, sondern all die Jahre sehnsüchtig deine Hände nach mir ausgestreckt und geduldig auf mich gewartet.

Und jetzt, wo meine Ehe zerbrochen und mein Leben ein Trümmerhaufen zu sein scheint, laufe ich in deine Arme, weil ich deine Liebe und deine Geborgenheit brauche. Ich suche deine Nähe und spüre, wie du in die Tiefe meines Leides hineinreichst und mir Trost und Hoffnung schenkst. Ja, Herr, du hast Erbarmen mit mir wie ein Vater mit einem verirrten Kind und nimmst mich ganz neu an. Bitte, heile meine Beziehung zu dir, zu mir selbst und zu den Menschen in meiner Umgebung, die ebenso wie ich unter meiner Entfremdung von dir gelitten haben.

Bestimmt werde ich auch noch in Zukunft oft traurig über den Verlust meiner Kinder sein und bestimmt werden auch immer wieder in mir Fragen entstehen, die nicht alle sofort eine Antwort finden. Aber ich will lernen, ganz auf dich zu vertrauen, denn auch ein Kind ist nicht allein deshalb zufrieden, weil seine Eltern auf alles eine Antwort haben, sondern weil es sich in der Liebe seiner Eltern geborgen weiß. Und in dir finde ich diese wunderbare Geborgenheit, die alles menschliche Begreifen übersteigt.

Jesus Christus, bitte stärke meinen Glauben an dich jeden Tag aufs Neue, denn mein Glaube gibt mir Halt und Hoffnung und Kraft für die Entscheidungen, die ich immer wieder treffen muss. Je näher ich dir komme, je besser ich dich kennen lerne, umso deutlicher wird mir bewusst, dass du allein die Kraftquelle meines Lebens bist, aus der ich jeden Moment schöpfen darf und die dennoch unerschöpflich ist.

Bitte, lass mich dir immer ähnlicher werden und hilf mir bei diesem nächsten Schritt auf meinem Weg.

Schritt 4: Ein neues Gottesbild

Immer wieder begegnet mir die Frage, ob unser christlicher Gott, der Vater unseres Herrn Jesus Christus, nicht mit Allah, dem islamischen Gott, identisch ist. Zugegeben, eine äußerst unbequeme Frage, die auf unseren Glauben und unsere Beziehung zu Gott zielt. Aber für einen entschiedenen Christen kann es darauf nur eine einzige Antwort geben: Nein! Ganz entschieden, nein!

Mein klares Nein ruft bei den Menschen stets sehr unterschiedliche Reaktionen hervor: Verständnis oder Widerstand, Ablehnung oder Zustimmung. Aber je näher ich Gott kommen darf, umso deutlicher erkenne ich auch, dass dieses Nein richtig ist. Denn unser großer Schöpfer, der einzig wahre Gott des Himmels und der Erde, ist ein Gott der Liebe und des Erbarmens. Und sein Sohn, Jesus Christus, hat sein Erlösungswerk am Kreuz für alle Menschen vollbracht, damit diese sich mit Gott versöhnen und ihn als ihren himmlischen Vater lieben und verehren können.

Für Gott gibt es keine Voraussetzungen, die wir erst erfüllen müssen, damit wir Kontakt mit ihm aufnehmen dürfen. Wir müssen nicht – wie es im Islam verlangt wird – würdig und frisch gewaschen, in voller Dienstkleidung und mit bestimmten Koranversen auf den Lippen vor ihm erscheinen, sondern dürfen ihn anrufen, so wie wir sind, mit unseren eigenen, armseligen Worten und unserer ganzen unzulänglichen Person. Ja, unser guter Gott ist nicht Forderung und Gesetz, sondern Liebe, reine, erbarmende Liebe! Und es gibt nichts, was ihm gleichkommt.

Dagegen ist der Islam eine Gesetzesreligion mit einer Gottheit, die die aufrechnerische Natur eines Buchhalters besitzt und mit einer vollkommen unpersönlichen Kühle seine Gläubigen beobachtet, um sie dann ihrer Leistung entsprechend entweder zu belohnen oder zu bestrafen. Die Anhänger Allahs können ihn nicht durch seine erbarmende Liebe erfahren, sondern allein durch das Miteinander der Gläubigen und die Gesetze, die in jedem Fall eingehalten werden müssen.

Ich möchte die Moslems auf keinen Fall herabsetzen oder gar verachten. Im Gegenteil, ich bin unter ihnen tief gläubigen Menschen begegnet, die meine ganz besondere Hochachtung haben, denn es gehört sicher eine ganze Portion Demut dazu, sich fünfmal am Tag niederzuwerfen, mit der Stirn den Boden zu berühren und sich völlig an seinen Gott hinzugeben! Aber trotz dieser totalen Hingabe weiß der moslemische Gläubige nie ganz sicher, ob Allah ihm wohlgesonnen ist oder nicht. Also muss jeder Gläubige durch besondere Leistung und durch das konsequente Halten der Gesetze versuchen, Allah gnädig zu stimmen; er muss also an seiner eigenen Erlösung mitwirken.

Ganz anders ist es dagegen im Christentum, wo die Erlösung des Menschen allein auf dem Kreuzestod Jesu Christi beruht, der sich aus Liebe zu den Menschen selbst geopfert und dadurch alle anderen Opfer überflüssig gemacht hat. Während die islamische Religion eher einem Sparvertrag gleicht, in den man regelmäßig einzahlt, dabei aber nie genau weiß, ob die investierte Summe jemals zu einer späteren Auszahlung reicht, geht es im christlichen Glauben wie bei einer überdimensionalen Lotterie zu, an der jeder kostenlos teilnehmen darf und bei der es keine Verlierer, sondern immer nur Gewinner gibt. Jeder, der sich Christus anvertraut, steht auf der Gewinnerseite und gewinnt den ersten Preis. Dazu gehört nur die Bereitschaft, sich lieben zu lassen und wieder zu lieben.

Es ist also etwas völlig anderes, ob man durch Gesetze in einem Abhängigkeitsverhältnis steht oder ob man eine Liebesbeziehung zu Gott unterhält. Aus diesem Grund kann auch eine Religion, die auf Gesetzen beruht, nicht mit dem Erlösungswerk Jesu Christi in Zusammenhang gebracht werden. Denn hätten wir nur Gesetze zu erfüllen, würden wir uns selbst erlösen und damit wäre Jesu Opfertod völlig umsonst gewesen.

Und dennoch oder gerade deshalb verachten häufig die Moslems uns Christen und halten uns für unmoralisch, weil unsere Sünden immer wieder vergeben werden. Sie glauben, dass wir Christen einfach drauflos sündigen, weil Gott uns ja immer wieder vergibt und verstehen nicht, dass ein Mensch so sehr von der Liebe Gottes ergriffen werden kann, dass er sich gerne von der Sünde fern hält, um auf diese Weise seinem geliebten Gott nahe sein zu können.

Ja, überhaupt kann ein Moslem die Liebe Gottes nicht verstehen, in welche Richtung auch immer. Denn Gott ist für ihn ein so hohes fernes Wesen, mit dem das Wort Liebe einfach nicht in Zusammenhang gebracht werden kann. Und außerdem darf sich kein Mensch erdreisten, mit diesem Wesen wie mit seinem Freund zu sprechen.

Gerade in diesem Zusammenhang erinnere ich mich an einen gemeinsamen Ausflug mit Hussein zu Anfang unserer Beziehung, auf der mir dieser Unterschied besonders deutlich wurde. Wir lebten damals noch in Botswana und fuhren gerne in den *Chobe-Nationalpark*, ein Naturschutzgebiet in der Wildnis, das zu dieser Zeit noch ganz anders war, als die Touristen es heute erleben. Wir zelteten dort meistens in der Nähe einer Wasserstelle oder eines Flusses, weil Hussein ein leidenschaftlicher Angler war und uns vom eigenen Fischfang ernähren wollte. Oft endete sein Versprechen allerdings mit einer Dose *Cornedbeef* auf dem Lagerfeuer.

Da zu diesem Zeitpunkt noch Krieg im *Caprizizipfel* war und die Wildbestände ständig von einer Seite der Grenze zur anderen getrieben wurden, waren oft riesige Elefantenherden unterwegs. Unsere Behausung, ein winziges Zweimannzelt, bot vor diesen großen Tieren natürlich kaum Schutz.

So kam es in einer mondhellen Nacht dazu, dass wir durch die dünnen Zeltwände draußen die Bewegungen zahlreicher Kolosse auf uns zukommen sahen. Wie gebannt saßen wir in unserem kleinen Zelt, sahen und hörten die riesigen Schatten und wussten, dass die Elefantenherde uns kaum als umgehenswertes Hindernis betrachten würden. Kühe, Kälber, Bullen kamen näher und näher und nahmen direkten Kurs auf uns. Gleichzeitig war uns klar, dass sich der Leitbulle der Herde wahrscheinlich noch mehr erregen würde, wenn wir uns aus dem Zelt hinausbewegen würden. Was also tun?

In dieser gefährlichen Situation kam mir der einzig rettende Gedanke. „Lass uns beten!“, rief ich Hussein zu und begann sofort Gott anzurufen. Laut und inständig bat ich Jesus darum, unser Leben zu beschützen, den Leitbullen und die Elefantenherde umzulenken und damit das Unglück von uns abzuwenden. Und das Wunder geschah: Plötzlich und ohne sichtbaren Grund machte die Herde einen weiten Bogen um unser Zelt. Zuerst konnte ich es kaum fassen und verharrte deshalb weiterhin minutenlang ganz still, öffnete dann aber vorsichtig den Reißverschluss unseres Zeltes und sah, dass die Herde bereits in einiger Entfernung an uns vorbeigezogen war. Voller Dankbarkeit rief ich Hussein zu, was geschehen war und dass wir nun Gott für seine Hilfe danken könnten.

Als ich Hussein jedoch ansah, bemerkte ich, dass er kreidebleich war und einem Herzinfarkt nahe zu sein schien. Mitleidig fragte ich ihn: „Hast du denn so viel Angst und so wenig Gottvertrauen gehabt?“

Seine Antwort versetzte mich damals in höchstes Erstaunen. Nein, Hussein war es gar nicht so schlecht gegangen, weil er vor der Elefantenherde Angst gehabt hatte, sondern weil ich in einer Art und Weise mit Gott geredet hatte, wie er es sich niemals getrauen würde. Seiner Ansicht nach mussten schließlich jedem Gebet die vorgeschriebenen Waschungen und Verbeugungen vorausgehen und außerdem seien nur bestimmte Koranverse dazu bestimmt, Allah direkt anzurufen. Dass ich in unserer Not auch noch Jesus Christus um Hilfe gebeten hatte, der bei vielen Moslems häufig große Aggressionen hervorruft, würde uns Allah – jedenfalls nach Husseins Meinung – sicherlich sehr übel nehmen.

In der Nacht, die auf dieses Erlebnis folgte, hatte ich einen richtungsweisenden Traum: Ich sah unser Zelt wie in einem Wolkenmeer stehen, doch als ich es verlassen wollte, konnte ich es nicht, denn ich sank sofort in den Wolkennebel ein. Voller Angst hob ich den Kopf und sah am Himmel ein großes, liebevolles Gesicht, das voller Güte auf mich herabsah. Und ich wusste sofort, es war Jesus, der mich anschaute.

In diesem Traum weckte ich Hussein, nahm ihn an die Hand und verließ mit ihm das Zelt. Doch gemeinsam sanken wir immer tiefer in den Wolkennebel ein. „Blick zum Himmel, sieh Jesus an!“, rief ich Hussein verzweifelt zu. Aber er konnte seinen Kopf nicht heben und so sanken wir gemeinsam immer tiefer und tiefer in den Wolkennebel hinein, bis gerade nur noch mein Kopf herausragte.

Schweißgebadet wachte ich auf und begriff schon damals, dass ich einen Gott habe, der zu mir spricht und mit dem ich reden darf, dem ich wichtig bin und der nicht so einfach zulässt, dass ich zertreten werde. Hussein dagegen hat einen Gott, den er nicht anrufen darf, dem er sich nur in vorgeschriebener Gebets- und Diensthaltung nähern darf und der nur „ausgelieferte Menschen“ will. Das ist die Bedeutung des Wortes *Islam*.

Nein, der Gott der Moslems ist nicht unser christlicher Schöpfergott. Im Islam gibt es keine Gnade, kein Erbarmen mit der armen erlösungsbedürftigen Menschheit. Dort ist Gott nicht selbst Mensch geworden, wie Jesus Christus es getan hat, der für uns liebender Bruder und Freund geworden ist und dessen Reich dennoch nicht von dieser Welt ist. Dagegen ist das Reich Allahs durchaus von dieser Welt, denn es fordert ständig seinen Tribut und schenkt keinerlei Entscheidungsfreiheit. Während unser himmlischer Vater Tränen abwischt und seine Kinder tröstet, weil er Erbarmen mit ihnen hat und alle in Liebe annimmt, die zu ihm umkehren, ist Allah sowohl in seiner Gnade als auch in seinem Zorn unberechenbar und nimmt nur die an, die sich ihm bedingungslos unterwerfen. Von Liebe ist dabei nie die Rede.

Aus diesem Grund kann eine Beziehung zwischen zwei so unterschiedlich geprägten und glaubenden Menschen wie Christen und Moslems nicht gut gehen, besonders dann nicht, wenn beide ihren Glauben ernst nehmen. Meine Erfahrung hat mich gelehrt, dass ein Christ, der in einem islamischen Umfeld lebt, irgendwann seine Gottesbeziehung verliert, weil die Kräfte, die ihn von Jesus Christus wegziehen wollen, einfach zu stark sind. Der Glaube und die Gebete eines solchen Menschen werden immer kraftloser, so dass er eines Tages aufgeben wird, den einen lebendigen Gott anzurufen.

Gleichzeitig beobachte ich aber auch, dass wir christlich geprägten Menschen im eigenen Umfeld Furcht vor dem Islam haben. Warum und wovor haben wir denn Angst? Ist es die Furcht vor dem Unbekannten, die uns dazu treibt, uns vorsichtshalber lieber mit dem Feind zu verbrüdern, bevor er uns schadet? Anders kann ich mir den übervorsichtigen Umgang mit dem Islam hier in Deutschland nicht erklären. Es ist so, als würde man ständig einen Tiger füttern, damit dieser immer schön satt ist und man nicht selbst von ihm gefressen wird.

Bei Begegnungen mit Moslems lassen wir deshalb aus Angst lieber die kontroversen Punkte weg, übergehen alle kritischen Stellen, passen uns an, machen uns gleich und sagen nicht, was wir eigentlich sagen sollten. Damit erlauben wir ihnen, unseren Glauben an Jesus Christus „aufzufressen", und das nennen wir dann Toleranz!

Dabei interessieren sich die moslemischen Menschen gerade für die Dinge, die uns vom islamischen Glauben trennen, denn sie begegnen meist nur wenigen echten Christen, die deutlich sagen, was sie glauben und an wen sie glauben. Natürlich müssen wir auch nicht wieder zu Kreuzrittern werden, um unseren Glauben der Welt mitzuteilen, aber wir sollten Jesus und sein Wort offen bekennen und nicht nur verschämt und schüchtern verteidigen. Klare Aussagen, auch über die Unterschiede zu anderen Religionen, können eher Freundschaften herbeiführen, als eine schwammige Gleichmacherei das jemals vermag.

Nein, wir können nicht gleichzeitig zwei Herren dienen. Entweder wir gehören Jesus oder wir gehören Allah. Aber eines können wir tun: Wir können unsere moslemischen Mitmenschen lieben, sie mit den Augen unseres barmherzigen Gottes sehen, für sie beten und sie segnen.

Gespräch mit Gott

Gott, mein himmlischer Vater, du hast mich als dein Kind berufen, mich auserwählt und in das Buch des ewigen Lebens geschrieben. Was für ein Vorrecht und was für eine Gnade, denn ich selbst habe nichts dazu getan, sondern bin einfach nur deinem Ruf gefolgt.

Aber weil du alle Menschen liebst, glaube ich, dass dir auch die Menschen am Herzen liegen, die nicht an dich glauben, die vielleicht einem anderen Gott dienen. Und ganz bestimmt liebst du ebenso die Moslems, jeden Einzelnen von ihnen, denn du hast deinen Sohn Jesus Christus auch für sie in die Welt gesandt, damit sie durch ihn gerettet werden und das ewige Leben haben.

Ich verstehe nicht, warum sie dieses Opfer nicht annehmen wollen, denn es ist doch so ein wunderbares Angebot und Geschenk von dir. Aber du weißt, was sie von dir fernhält, und nur du kannst ihre Haltung verändern. Denn wir Menschen können nichts ohne deine Hilfe ausrichten, wir können sie nicht wegholen von ihrem Glauben, ihrer Kultur, ihren Familien und all den Dingen, die ihnen wichtig sind. Wie sollen wir denn einem Moslem deine Heilsbotschaft sagen, wenn er schon bei der Erwähnung des Namens Jesu wütend und aggressiv wird? Und wie sollen wir Einzelne aus ihrem Glauben lösen, wenn diese dadurch sogar in Lebensgefahr geraten? All das sind Probleme, die uns bewegen und auf die nur du eine Antwort weißt.

Vater, ich möchte heute in Liebe für die Menschen im Islam eintreten. Ich möchte unterscheiden zwischen der Religion, die ich nicht verstehe und den Menschen, die dieser Religion angehören. Bitte, hilf du ihnen in deiner großen

Liebe und führe sie zu dir hin. Hilf du meinen Kindern und hilf du meinem Mann Hussein.

Und bitte, lass mich lernen, den nächsten Schritt der Freiheit und des Neubeginns im Glauben an dich und deine Liebe zu tun.

Schritt 5: Freiheit und Neubeginn

Eines der Lebensmotive meines Großvaters war: „Steine, die man nicht aufheben kann, muss man liegen lassen!"

Ich habe mir dieses Motiv ebenfalls zu Eigen gemacht, und so erinnere ich mich immer dann, wenn mir etwas nicht schnell genug geht, wenn ich meine, dicke, viel zu schwere Steine aufheben zu müssen, also alles allein tun und im Griff haben zu müssen, an diese Worte. Dann erkenne ich aufs Neue, dass ich nichts aus eigener Kraft tun muss und schon gar nicht alles ohne Hilfe.

Heute weiß ich, wie viele Steine mir auf meinem Lebensweg die Sicht verstellt und mir die Freiheit genommen haben, weil ich sie mit aller Gewalt wegschaffen wollte, obwohl sie für mich viel zu schwer waren. Meine Ehe mit einem Moslem war einer dieser gewaltigen Steine, die ich mit Leichtigkeit aufheben wollte. Dazu haben dann aber meine Kräfte bei weitem nicht ausgereicht, obwohl ich mit so viel Liebe und mit dem festen Willen, alles richtig zu machen, in diese Ehe gegangen bin. Doch hätte ich damals auf jemanden gehört, der mir erklären wollte, dass dieser Stein viel zu schwer für mich sei? Nein, im Gegenteil! Ich hatte damals doch genauso hoch gesteckte Ziele wie all die jungen Frauen, denen ich heute oft begegne und die fest davon überzeugt sind, mit ihrer Liebe und Hingabe all das zu schaffen, was anderen vor ihnen nicht gelungen ist.

Mir ist völlig klar, dass ich niemanden davor bewahren kann, ähnliche Fehler zu machen, wie ich sie gemacht habe. Aber dennoch sehe ich es als meine Aufgabe an, aufzuklären und andere Christen davor zu warnen, sich den Felsbrocken einer gemischtreligiösen Ehe aufzuladen. Nein, dieser Stein sollte besser liegen bleiben, denn meiner Erfahrung nach ist der Zerbruch einer christlich-moslemischen Ehe früher oder später vorprogrammiert, auch wenn zu Anfang alles wunderbar klappt, weil sich beide Ehepartner sehr tolerant geben. Doch irgendwann kommt der Zeitpunkt, an dem mit Toleranz allein die unterschiedlichen Überzeugungen nicht mehr zuzudecken sind und die Beziehung beginnt allmählich brüchig zu werden. Vielleicht wird hier und da ein bisschen geklebt und gekittet und doch gehen beide schon bald immer mehr ihre eigenen Wege. Und das ist dann der Anfang vom Ende!

Man muss die Steine, die man nicht aufheben kann, liegen lassen! Ja, und manchmal muss man sie sogar ertragen und täglich um sie herumlaufen, weil sie schließlich immer noch daliegen, bis vielleicht etwas so Gewaltiges passiert, dass der Stein förmlich weggesprengt wird. Bis vielleicht einer kommt, der viel mehr Kraft besitzt als wir Menschen und dieses Hindernis auf seine Weise aus dem Weg räumt.

Dieser eine – Jesus Christus – hat dies für mich getan, hat meinen Stein, der mich zu zerschmettern drohte, weggeräumt. Er schenkte mir eine ganz neue Freiheit und dazu noch die Chance zu einem Neubeginn!

Es begann am Neujahrstag 1994, als ich von einem Gottesdienst mit meinem Auto auf einer fast menschenleeren Straße nach Hause fuhr. Plötzlich hörte ich eine Stimme in mir sagen: „Dich will ich noch einmal brauchen."

In diesem Moment wusste ich sofort, dass Gott zu mir sprach. Ich war erschrocken und verwirrt zugleich, denn so klar und deutlich hatte ich ihn noch nie in meinem Leben gehört. Kein Wort dieses Satzes war besonders betont worden, alle waren gleich, und doch stand jedes Wort für sich im Raum.

„Dich will ich noch einmal brauchen!", hatte Gott zu mir gesagt. Und mir war, als würden auf einmal alle Fesseln in mir gesprengt werden. Bis zu diesem Zeitpunkt hatte ich nicht einmal gewusst, dass ich gebraucht werden wollte, doch jetzt wurde es für mich zu einem Bedürfnis. Gespannt hielt ich seit diesem Zeitpunkt an allen Ecken Ausschau nach der Aufgabe, die Gott für mich bereithielt, versuchte in jeder Begegnung die Chance für Gottes Auftrag zu erkennen und machte mir Gedanken, ob ich nach Indien oder Botswana gehen sollte.

Doch ich musste mich noch eine Weile in Geduld üben, bis ich eines Tages einen Anruf von Schwester Lore aus Craheim erhielt. Wie ich dann später von ihr erfuhr, hatte auch sie Gottes Stimme gehört, und die hatte ihr gesagt: „Ruf Natanjah an!“ Da aber „Natanjah“ mein ehemaliger Klostername war und Schwester Lore meinen vollständigen Namen gar nicht kannte, ja nicht einmal wusste, in welcher Ecke der Erde sie mich suchen sollte, war es eigentlich fast unmöglich, mich zu finden. Aber mit Gottes und der Telefonauskunft Hilfe gelang es ihr dann doch nach kurzer Zeit, mich zu erreichen.

Als ich mich dann drei Monate später endlich auf den Weg nach Schloss Craheim machte, wo die Schwestern der „Kommunität Jesu Weg“ seit mittlerweile mehr als 25 Jahren in einer Lebensgemeinschaft lebten, wusste ich noch gar nicht so recht, was ich dort eigentlich sollte. Der Gedanke, dass Gott mich hier an diesen Ort geführt hatte, um mich wieder in seinen Dienst zu rufen, kam mir zunächst überhaupt nicht.

Dennoch begann sich in meinem Herzen etwas zu regen, als ich im Schloss die Tür der Schwesternwohnung öffnete. „Dich will ich noch einmal brauchen!“, hatte Gott mir gesagt, und jetzt fügte sich das kleine Wörtchen „hier“ ganz schlicht und einfach in diesen Satz ein.

Ich verstand ihn zuerst nicht. „Ich bin doch durch und durch katholisch und hier sind alle evangelisch!“, widersprach ich Gott. „Zweitens bin ich Zahnärztin und habe im öffentlichen Dienst eine sichere Stelle. Bestimmt kann man mich hier gar nicht brauchen. Und dann . . . ja, vielleicht kommen meine Kinder doch eines Tages nach Deutschland zurück. Wenn das passiert, muss ich ihnen ein Zuhause bieten können. Deshalb kann ich nicht einfach unser Häuschen und alles andere aufgeben. Außerdem sind meine Eltern alt und krank und brauchen mich und . . . und . . .!“

Ich führte endlose Gespräche mit Gott, ja zeitweise verhandelte ich mit ihm wie ein orientalischer Teppichhändler.

Doch trotz all meiner Bedenken entstand plötzlich eine unbändige Freude in mir. Ich spürte ganz deutlich Gottes

Angebot, mich hier, an diesem Platz, zu gebrauchen und wusste, dass ich die Perle gefunden hatte, für die ein Kaufmann alles verkaufen würde, um sie zu besitzen.

Aber ich zögerte noch immer und wollte erst noch mehr über diese Schwesternschaft erfahren. Also lernte ich durch Schwester Lore das *Lebenszentrum für die Einheit der Christen* im Schloss Craheim kennen und erfuhr einiges über seine Ziele. Ich verstand, dass die dort lebenden Christen unterschiedlicher Konfessionszugehörigkeit eine Gemeinschaft bilden, die sich je nach Berufung, Stand oder Aufgabenstellung in verschiedene Gruppen gliedert. Dabei sollen die Unterschiede in der Glaubensüberzeugung eines jeden Einzelnen nicht verwischt oder wegdiskutiert, sondern gelebt und zu einer *versöhnten Vielfalt* entwickelt werden, die letztendlich aber nur das eine Ziel im Sinn hat, nämlich die *Einheit in Jesus Christus.*

Während gemeinsamer Ferien mit den Schwestern in der Schweiz wurde dann von ihrer Seite konkret die Frage an mich gestellt, ob ich mir nicht vorstellen könnte, in diese Lebensgemeinschaft einzutreten und dort mitzuarbeiten.

Wieder begann in mir ein Kampf. Ja, ich wollte Gott dienen und vielleicht war das Leben an einem Ort, an dem meine Gaben und Erfahrungen gebraucht wurden, und in einer Schwesternschaft, wo ich die Möglichkeit des Mitarbeitens und Mitlebens bekam, wirklich ein neuer Weg für mich. Und vielleicht hatte Gott selbst mich durch all die schlimmen Geschehnisse hierher geleitet, weil er mich genau hier an diesem Platz haben wollte.

Doch gleichzeitig quälten mich auch Zweifel. Wollte ich womöglich nur deshalb in die Schwesternschaft fliehen, weil ich in meiner Familie gescheitert war? War es nicht völlig verantwortungslos, meinen Beruf aufzugeben und mein Zuhause, das ehemalige Zuhause meiner Kinder, aufzulösen und damit die Hoffnung auf ihre Rückkehr endgültig aufzugeben? Sollte ich mich wirklich von ihren Schätzen, von den

---

Foto: Schloss Craheim

letzten Erinnerungen an ein gemeinsames Leben mit meinen Kindern trennen?

Während dieser Zeit des Nachdenkens und Abwägens sprachen und beteten die Schwestern viel mit mir. Für sie schien sich ein Kreis zu schließen, während sich für mich viele Fragezeichen auftaten.

Nach vielen Gesprächen mit Gott war ich eines Tages dann so weit, dass ich aus vollem Herzen Ja sagen konnte. Ja, ich wollte in die Schwesternschaft eintreten, wollte mich Gott ganz zur Verfügung stellen, mich seinem Heiligen Geist öffnen und mithelfen, Gottes Ziel der Einheit der Christen in dieser Welt zu erreichen.

Anfangs behielt ich meine Pläne noch für mich, doch allmählich schlug mein Entschluss immer tiefere Wurzeln, bis er eines Tages so fest und unerschütterlich dastand, dass ich meine Eltern und Freunde informieren konnte. Ich begann meinen Haushalt aufzulösen, gab alles ab, was ich nicht mitnehmen konnte und zog kurz darauf in die Lebensgemeinschaft ein.

Ich war frei und durfte ganz neu beginnen!

Trotz meines Gefühls der Freiheit stellten sich mir jedoch im Laufe der ersten Wochen in Craheim immer wieder diese beiden Fragen: Was hatte ich verloren? Was hatte ich gewonnen? Ich zog Bilanz und stellte fest, dass dieser Umzug inzwischen meine siebte Haushaltsauflösung war. Würde sie auch die letzte sein oder würden ihr noch weitere folgen? Wie sehr wünschte ich mir einen Ort des Neuanfangs, ohne die Bedrohung, dass das Umherziehen noch längst kein Ende hatte, einen Ort, wo weder Rost noch Motten etwas zerstören können.

Aber Gott gab mir während dieser Zeit immer wieder neue Wegweiser und schenkte mir die Gnade, mich über meine Freiheit und die Möglichkeit eines Neubeginns wirklich zu freuen. Ja, diese Freude war ein so unerwartetes

---

Foto: Die Jesu-Weg-Schwestern, v.l. Sr. Elke, Sr. Käthe, Sr. Ursula, Sr. Elisabeth, Sr. Lore und Sr. Christiane (Sr. Marlies fehlt leider)

Geschenk, dass ich manchmal fast über mich selbst hinauszuwachsen schien. Nun gut, es kamen auch wieder Tage voller Verzweiflung und Schmerzen, an denen ich ständig an meine Kinder dachte, die für mich so unerreichbar weit weg waren. Es war nicht leicht, doch ich spürte genau, dass ich mich noch nicht genügend von meiner Vergangenheit gelöst hatte, um mehr und mehr ich selbst sein zu können.

Und auch dabei würde mir Gott bestimmt helfen.

Foto oben: Das neue Wohnhaus der „Schwesternkommunität Jesu Weg"
Foto unten: Kapelle im Schwesternwohnhaus

Gespräch mit Gott

Heiliger Gott, ich bin dir so unendlich dankbar, dass du mir eine Freiheit geschenkt hast, von der ich vorher nichts wusste. Ja, erst jetzt, wo ich an dich gebunden bin, weiß ich wirklich, was Freiheit ist.

Durch deine Hilfe habe ich einen Neubeginn machen dürfen, und das ist eine Gnade, die ich manchmal kaum begreifen kann. Denn ich habe jahrelang das Leben eines guten Pharisäers gelebt, habe geglaubt, nur alle Gesetze einhalten zu müssen, um automatisch gerettet zu sein. Aber du hast diesen zerstörerischen Kreislauf durchbrochen, hast mich an die Hand genommen und mich in Liebe zu dir gezogen. Dafür danke ich dir.

Du bist aber noch weiter gegangen. Du hast alle meine Sünden, mein Versagen und meine Fehlentscheidungen vergeben und meine Schuld ins tiefste Meer versenkt, so dass ich ganz neu mit dir beginnen kann. Du willst mich wieder gebrauchen, mich, die dich um ein Haar verlassen hätte. Danke für deine Güte.

Heiliger Gott, bitte segne meinen nächsten Schritt. Segne meine Arbeit in der Schwesternschaft und lass mich ein Segen für die Menschen sein, die mir auf meinem Weg begegnen.

Bitte, lass mich lernen, deinen Segen anzunehmen, um für andere ein Segen sein zu können.

Schritt 6: Den Segen annehmen

Ich musste 47 Jahre alt werden, um Gottes Segen wirklich zu verstehen und anzunehmen. Zwar bin ich schon als Kind häufig *gesegnet* worden, denn meine Mutter zeichnete uns Kindern jeden Morgen, bevor wir aus dem Haus gingen, ein kleines Kreuz auf die Stirn. Und bestimmt hat uns ihre Bitte um Gottes Segen und Schutz so manches Mal vor Gefahren bewahrt.

Aber je weiter ich mich von Gott entfernte, umso mehr vergaß ich auch, um Gottes Segen zu bitten. Denn um diesen Segen bewusst anzunehmen, hätte ich mir Zeit nehmen, hätte ich mit der Quelle dieses Segens in der Stille zusammenkommen müssen. Aber diese Zeit hatte ich nicht oder glaubte vielmehr, sie nicht zu haben.

Erst als ich meine Schuld, die ich lange Zeit hinter einer Maske von guten Taten verborgen hatte, erkannte, konnte ich Gott um eine neue Verbindung zu ihm bitten. Ja, heute weiß ich, dass es Sünde war, die Ehe mit einem Moslem einzugehen, und ich habe dafür um Vergebung gebeten. In erster Linie natürlich Gott, aber auch meinen Mann und meine Kinder, die ich trotz meiner neuen Aufgabe schmerzlich vermisse.

Denn immer wieder gibt es Augenblicke, in denen ich besonders an eines meiner Kinder erinnert werde und den Verlust dann so stark spüre, dass mich der Schmerz fast erdrückt. Was für Gefühle überfluten mich, wenn ich gut aussehende dunkellockige Jungen in Yosefs oder Salems Alter sehe oder wenn ich reizenden kleinen Mädchen mit dunklen Augen begegne, die im ersten Moment meinen Töchtern Nadiah und Hanaa so sehr ähnlich sehen, dass ein tiefer Schauer durch meinen Körper rast.

In diesem Zusammenhang erinnere ich mich ganz besonders an eine Begegnung im Gesundheitsamt meiner Heimatstadt, in dem ich einmal monatlich zahnärztliche Untersuchungen durchführe und Gutachten für Asylantragsteller und Sozialhilfeempfänger erstelle. Dort traf ich Cenan, ein kleines kurdisches Mädchen, das mit seinen Eltern und mehreren großen Brüdern seit fünf Jahren als Asylantragstellerin in Deutschland lebt. Cenan genoss sofort meine besondere Aufmerksamkeit, denn ich erfuhr, dass sie seit drei Jahren die gleiche Schule besuchte, in der auch meine Kinder gewesen waren. In Gedanken ging ich noch einmal in diese Zeit zurück, denn ich war damals oft in dieser Schule gewesen und hatte das Gebäude mit seinen typischen Schulfluren, dem lebhaften Hin und Her in den langen Gängen und den eigenartigen Gerüchen in den Klassenzimmern noch immer so lebendig im Gedächtnis, als sei es gerade erst wenige Wochen her. Ja, ich kannte sogar Cenans Klassenlehrerin.

Interessiert sah ich Cenan an und so manche Erinnerung kam erneut in mir hoch. Nadiah kam mir in den Sinn, aber auch Hannaa, meine Jüngste. Hatte Cenan nicht die gleichen fein geschnittenen Züge wie Nadiah und gleichzeitig die lebhaften dunklen Augen wie Hannaa? Und erinnerte mich das lange dunkle Haar nicht wiederum an Nadiah . . . oder war es eher Hannaa . . . oder vielmehr beide zusammen? Ich wusste es selbst nicht mehr genau, doch die Kleine rief in mir meine beiden geliebten Töchter ins Gedächtnis zurück. In meinem Innern schmerzte es mich vor Liebe, als ich Cenans Zähne untersuchte, und während ich mich mit ihr unterhielt, kreiste ständig der Gedanke durch meinen Kopf, dass dieses kleine Mädchen meine Tochter sein könnte.

Cenans Mutter hielt sich während unseres Gespräches ganz im Hintergrund, weil sie unsere Sprache nicht verstand. Und so erzählte mir Cenan selbst, dass sie eine Zahnspange benötige, weil sie in der Schule wegen ihrer schiefen Zähne ausgelacht würde und natürlich auch, weil schon alle anderen Mädchen eine Spange besäßen und sie doch so gerne dazu gehören wolle. Die Kleine schien meine Liebe und meine Sensibilität für ihre Lage zu spüren, denn sie öffnete sich mir mehr und mehr und erzählte von ihrer Familie, in der sie die

Jüngste war und dennoch die wichtige Rolle der Übersetzerin und Schreiberin übernommen hatte. Stolz zeigte sie auf die goldenen Haarspangen, mit denen ihre hüftlangen dunklen Haaren festgesteckt waren.

„Die haben mir meine Brüder geschenkt!", sagte sie und lächelte glücklich. „Und manchmal bringen sie mir auch Süßigkeiten mit!"

Natürlich, das konnte ich an den Löchern in ihren Zähnen sehr gut erkennen! Liebevoll ermahnte ich das kleine Mädchen wegen der Süßigkeiten und musste im gleichen Augenblick daran denken, dass ich dies auch bei meiner kleinen Naschkatze Nadiah oft getan hatte.

Cenan unterbrach unser Gespräch immer wieder höflich. „Augenblick bitte, Frau Doktor!", bat sie dann. „Ich muss das eben meiner Mutter übersetzen. Sie kann nämlich kein Deutsch." Aus ihren Worten spürte ich die Liebe zu ihrer Mutter, die keine Verachtung und keine Ungeduld kennt.

Ich wusste, dass ich Cenans Antrag nicht genehmigen durfte, weil ihr als Asylsuchender eine Zahnspange nicht zustand und diese auch medizinisch nicht unbedingt notwendig war. Aber es fiel mir ungeheuer schwer, Cenan zu enttäuschen, weil ich sie inzwischen schon richtig in mein Herz geschlossen hatte. Mit vorsichtigen Worten erklärte ich ihr, dass eine Zahnspange für sie leider nicht in Betracht käme.

Geduldig übersetzte Cenan ihrer Mutter meine Worte und wandte sich dann erneut an mich. „Meine Mutter lässt Ihnen sagen, dass sie sich bedankt, auch wenn Sie nicht Ja sagen können", sagte sie höflich und versuchte trotz ihrer Enttäuschung ein tapferes Lächeln.

Das war mir noch nie passiert! In den meisten Fällen wurden ablehnende Bescheide meinerseits von den Antragstellern rüde kommentiert und manchmal wurde ich sogar beschimpft. Und jetzt diese Reaktion!

Tief berührt versprach ich Cenan, dass ich alles tun würde, um ihr doch noch zu ihrer heiß ersehnten Zahnspange zu verhelfen. Dann übergab ich ihrer Mutter die notwendigen Unterlagen für den behandelnden Zahnarzt und bat sie, den Empfang zu bestätigen. Daraufhin fragte Cenan schüchtern: „Darf ich das machen? Meine Mutter kann nicht schreiben!"

„Ja, natürlich darfst du!", erwiderte ich. Verwundert erkannte ich, dass sich die Kleine kein bisschen für ihre Mutter schämte, sondern bereitwillig die Verantwortung auf sich nahm.

Also schrieb Cenan den Namen ihrer Mutter an die dafür vorgesehene Stelle. Zum Abschied erhielt sie eine neue, glitzernd verpackte Zahnbürste, für die sie sich höflich bedankte. „Auch im Namen meiner Mutter danke ich Ihnen!", sagte sie lächelnd und ich musste sie regelrecht zur Tür hinausschieben, weil ich mich sonst überhaupt nicht mehr von ihr hätte trennen können.

An der Tür drehte sich Cenan noch einmal zu mir um und fragte spontan: „Darf ich dich einmal küssen?"

Der Kontakt zwischen uns war in dieser recht kurzen Zeit so dicht geworden, dass sie sogar die förmliche Anrede vergaß. Gerührt beugte ich mich also zu ihr hinunter und Cenan stellte sich auf ihre Zehenspitzen und küsste mich auf die Wange.

Mit Tränen in den Augen sah ich dem fremden Kind nach. Es hatte mich so sehr an meine eigenen Kinder erinnert, dass der Trennungsschmerz in mir wieder hellwach geworden war. Ich sah meine Kinder wieder vor mir, so wie ich sie damals zum letzten Mal gesehen hatte, und segnete sie erneut im Namen Gottes. Und mit ihnen segnete ich auch Cenan und fühlte mich trotz meiner Tränen selbst reich gesegnet.

Aber ich wollte noch weitere Schritte tun: Ich wollte Gottes Segen annehmen und weitergeben. Ich wollte meine Erfahrungen weitergeben und andere Frauen davor warnen, das zu tun, was ich getan habe, nämlich einen moslemischen Mann zu heiraten.

Doch ist so etwas überhaupt möglich? Muss nicht jeder seine eigenen Erfahrungen und auch Fehler machen?

Sicher, ich kann niemanden davor bewahren, die Augen zu verschließen und die gleichen Fehler zu wiederholen, die

---

Foto oben: Elisabeth Stahlschmidt im Gespräch mit einer ratsuchenden Frau
Foto unten: Elisabeth Stahlschmidt während eines Vortrags

andere längst vor ihnen gemacht haben. Aber ich kann zumindest aufklären, zum Nachdenken anregen, aus meinem eigenen schlimmen Erleben erzählen und das weitergeben, was andere Frauen mir berichtet haben.

Und deshalb arbeite ich heute im seelsorgerlichen Bereich mit, leite Meditations- oder Exerzitientage und spreche mit Frauen in der Einzelseelsorge, die Probleme in Ehe und Familie haben, und ganz besonders in islamischen Familien.

Wie oft erfahre ich dort, dass ich nicht allein mit meinem Schicksal bin. Ich begegne Frauen, in deren Augen ich das Leid sehe, deren Schmerz ich fast körperlich nachspüren kann, weil derselbe Schmerz noch immer in mir ist. Ja, und manchmal erlebe ich auch die Wut, von der ich bereits angenommen hatte, sie für immer überwunden zu haben. Plötzlich spüre ich, dass mich eine unsichtbare Lebensgemeinschaft mit diesen Frauen verbindet. Wie zum Beispiel mit Anna, die um ihre kleine Tochter Fatma weint.

Anna und Fatma

Anna ist eine zierliche junge Frau mit blonden Haaren und schönen blauen Augen. Ich traf sie nach einem Frauenfrühstück, bei dem ich einen Vortrag mit anschließendem Gespräch gehalten hatte. Anna hatte in einer der vordersten Reihen gesessen und meinem Vortrag sehr aufmerksam gelauscht. Bei einigen Ausführungen hatte sie fast unmerklich genickt, aber ihr Gesicht war immer ausdruckslos geblieben, so als sollte niemand mitbekommen, was in ihr vorging. Und auch während des anschließenden Gesprächs hatte sie sich zurückgehalten, keinerlei Fragen gestellt und keine Bemerkung zu ihrer eigenen Person gemacht.

Als der Raum sich dann nach und nach geleert und ich hier und da noch ein paar Worte mit einigen Frauen gewechselt hatte, bemerkte ich, dass Anna noch immer im Raum war und mir ab und zu nervöse Blicke zuwarf. Ich spürte, dass sie mit mir reden wollte, sich aber nicht traute, direkt auf mich zuzukommen. Auch das hatte ich bereits kennen gelernt: Frauen, die jemanden suchen, mit dem sie sprechen können und der ihnen vielleicht sogar raten kann, die aber gleichzeitig Angst haben, auf jemanden zuzugehen und offen über ihre Probleme zu reden. Manchmal bleiben diese Frauen deshalb nach meinen Vorträgen wie zufällig noch einige Zeit zurück und halten sich in meiner Nähe auf, um dann – genauso zufällig – vielleicht doch noch ein paar Worte mit mir wechseln zu können. So schien es mir auch bei Anna der Fall zu sein.

Also lächelte ich Anna aufmunternd an und war gespannt, ob sie den Faden aufgreifen würde. Und tatsächlich! Zögernd machte sie ein paar Schritte auf mich zu, blieb stehen, sah sich noch einmal ängstlich um und kam dann näher. Ich streckte ihr meine Hand hin. „Hat es Ihnen gefallen?“, fragte ich freundlich. „Möchten Sie vielleicht mit mir sprechen?“

Anna wurde rot und nickte verlegen. Also gingen wir in eine Ecke des nun leeren Raumes und setzten uns an einen Tisch. Anna hielt den Blick gesenkt und presste ihre Hände hilflos gegeneinander. Ich wartete noch einige Zeit und ermunterte sie dann mit ein paar freundlichen Worten, mir von sich zu erzählen.

„Ich bin mit einem moslemischen Mann verheiratet.“, begann Anna leise. „Als ich ihn vor gut 10 Jahren kennen lernte, war er ein überaus charmanter und sensibler Mann. Wirklich, er war so . . . so ganz anders als alle Männer, die ich bis dahin kennen gelernt hatte, so aufmerksam und temperamentvoll. Dazu sah er mit seiner oliv braunen Haut, den dunklen Augen und den schwarzen, lockigen Haaren so toll aus, dass ich mich sofort heftig in ihn verliebte. Und wenn Yussuf mich anlachte und ich seine weißen Zähne blitzen sah, dann . . .“ Anna hob noch weitere Vorzüge ihres Mannes hervor, so als müsse sie mich und sich selbst davon überzeugen, dass sie gar nicht anders hatte handeln können, als sich in ihn zu verlieben.

„Meine Familie war gegen eine Heirat mit Yussuf“, erzählte Anna weiter. „Vor allem meine Mutter, die mich christlich erzogen hatte, hielt mir immer wieder vor Augen, dass wir schon wegen unseres unterschiedlichen Glaubens nicht zueinander passen würden, besonders dann, wenn wir später mal Kinder hätten. Aber natürlich schlug ich alle gut gemeinten Ratschläge in den Wind, denn ich war so verliebt, dass ich mir ein Leben ohne Yussuf gar nicht mehr vorstellen konnte. Außerdem war ich mir sicher, dass bei uns alles bestens laufen würde, denn wir waren beide tolerant und aufgeklärt und würden bestimmt nicht die Fehler vieler anderer machen. Ich beobachtete Yussuf dann noch einige Zeit, aber ich konnte nur feststellen, dass er hilfsbereit und zuvorkommend war, mir jeden Wunsch von den Augen ablas und so offen und fortschrittlich war, dass er keinerlei Ähnlichkeit mit dem Schreckensbild eines moslemischen Ehemannes hatte, das meine Mutter mir immer wieder vor Augen stellte.

Dennoch sprach ich mit Yussuf über meine Zweifel und er versprach mir immer wieder, dass ich auch in unserer Ehe alle Rechte und Freiheiten einer deutschen Ehefrau haben würde und dass unsere Kinder selbstverständlich christlich erzogen werden sollten, wenn ich es so wünschte. Er würde mir keinerlei Vorschriften machen und wir würden in unserer Ehe genauso weiterleben, wie ich es gewohnt war, betonte er immer wieder. Und da er zu diesem Zeitpunkt bereits viele Jahre in Deutschland lebte und einen modernen, westlichen Lebensstil angenommen hatte, glaubte ich ihm alles. Also heirateten wir nach gut einem Jahr und waren richtig glücklich miteinander – wenigstens am Anfang.

Doch nach einiger Zeit fing Yussuf an, mich zu kritisieren. Zuerst war es meine Kleidung, die ihm nicht mehr gefiel, besonders meine Jeans, die seiner Meinung nach viel zu eng und aufreizend waren. Und weil ich ihn liebte und seine Eifersucht irgendwie rührend fand, verbannte ich dieses Kleidungsstück mehr und mehr aus meinem Schrank und zog häufiger Röcke oder weite Hosen an.

Dann bekamen wir eine kleine Tochter, die ganz entzückend aussah. Sie hatte eine große Ähnlichkeit mit ihrem Vater, besaß die gleichen schönen dunklen Augen und das dunkle Haar, nur ihre Haut war wesentlich heller als seine. Yussuf war ganz vernarrt in die Kleine, wenn ich auch anfangs den Eindruck hatte, dass er ein bisschen enttäuscht war, dass wir keinen Sohn bekommen hatten. Ich vertröstete ihn auf *das nächste Mal* und Yussuf lachte und küsste mich zärtlich.

Als dann unsere Fatma ein Jahr alt war, fuhren wir zu Yussufs Familie in seine Heimat, um dort voller Stolz unser Kind zu präsentieren. Meine Schwiegereltern, Schwager und Schwägerinnen nahmen mich herzlich auf, und obwohl ich ihre Sprache nicht verstand, fühlte ich mich recht wohl bei ihnen. Aber mit der Zeit änderte sich das, denn ich wurde ständig von fremden Menschen beäugt und umringt und fühlte mich eingeengt und beobachtet. Nur selten konnte ich mit Yussuf ein paar Minuten allein sein, ja selbst Fatma wurde mir einfach entzogen. Und wenn ich mich dagegen wehrte, ließ meine Schwiegermutter mir übersetzen, ich müsse doch verstehen, dass sie die Zeit mit ihrem Enkelkind nützen wolle, weil ich ja bald wieder in Deutschland sei und sie dann nichts mehr von der Kleinen habe. Also gab ich nach, war aber froh, als unser Urlaub zu Ende ging und wir wieder nach Hause fahren konnten.

Zuerst schien wieder alles beim Alten. Yussuf war freundlich und liebevoll, bestimmte aber immer häufiger, was ich anziehen, wie ich mich zurechtmachen und wohin ich gehen durfte. Und mit der Zeit veränderte er sich immer mehr, doch leider nicht zu seinem Vorteil. Er mischte sich in all unsere Lebensgewohnheiten ein, ganz egal, ob es nun um Essen, Kleidung oder sonstige Dinge ging. Er sah es nur sehr ungern, wenn ich ab und zu etwas ohne ihn unternahm und wurde ärgerlich, wenn ich am Sonntag den Gottesdienst besuchen wollte. Und als Fatma schließlich ins Kindergartenalter kam und ich Ausschau nach einem christlichen Kindergarten hielt, verbot er dies kurzerhand.

„Unsere Tochter soll neutral erzogen werden!“, ordnete er an. „Sie kann sich dann später viel freier entscheiden, als wenn man ihr jetzt schon den Kopf mit allem möglichen Zeug vollstopft!“

Um keinen Streit zu provozieren, fügte ich mich und wir meldeten Fatma in einem staatlichen Kindergarten an, von dem wir wussten, dass dort keinerlei religiöse Erziehung stattfand. Doch heimlich erzählte ich ihr die biblischen Geschichten, die ich noch aus meiner Kinderzeit kannte, und las ihr aus meiner alten Kinderbibel vor. Einmal kam Yussuf unversehens dazu. Und als er erkannte, was ich tat, veränderte sich sein Gesicht regelrecht Furcht erregend. Wütend riss er mir das Buch aus der Hand, zerfetzte es in viele kleine Stücke und schlug mir heftig ins Gesicht, als ich ihn daran hindern wollte. Um Fatma nicht noch mehr zu erschrecken, unternahm ich weiter nichts, sondern befolgte widerspruchslos Yussufs Anweisungen.

Als ich dann später mit ihm darüber reden wollte, lehnte Yussuf jeden weiteren Kommentar ab und befahl mir, in Zukunft seinen Weisungen entsprechend zu handeln. Auf diesen Zwischenfall hin herrschte in unserer Familie zwar noch eine ziemlich angespannte Atmosphäre, doch nach einiger Zeit ging unser Leben recht gut weiter – wenigstens nach außen hin –, aber in Wirklichkeit war nichts mehr wie vorher. Außerdem machte Yussuf von da an immer wieder unzufriedene Bemerkungen, dass er nun endlich einen Sohn wolle. Und auch ich nahm an, dass es vielleicht für unsere Ehe ganz gut sein würde, noch ein Kind zu haben. Aber irgendwie klappte es nicht, ich weiß auch nicht wieso!"

Anna seufzte und schwieg einen Moment. Wieder presste sie ihre Fingerkuppen fest gegeneinander. „Und jetzt kommt das Schlimmste!", fuhr sie fort. „Im vorigen Sommer, Fatma war inzwischen fünf Jahre alt, verlangte Yussuf erneut, dass wir in seiner Heimat Urlaub machen sollten. Um unsere Ehe nicht noch mehr zu belasten, stimmte ich zu, aber ich fühlte mich keineswegs wohl bei dem Gedanken. Ach, hätte ich doch damals nicht nachgegeben, hätte ich doch auf meine innere Stimme gehört, dann wäre meine kleine Fatma nicht . . . dann wäre sie noch . . .!" Anna begann zu weinen und konnte nicht weiter sprechen.

Ich wartete, bis sie sich einigermaßen beruhigt hatte und von neuem zu erzählen begann: „Es war wirklich kein schöner Urlaub, denn wieder trennte man mich von meinem Kind und dazu noch viel häufiger, als ich es wollte. Außerdem hatte ich das Gefühl, es niemandem wirklich recht machen zu können und auch von Yussuf konnte ich keine Unterstützung erwarten, denn er war häufig barsch und unfreundlich mit mir. Aber ich biss die Zähne zusammen und beruhigte mich damit, dass die wenigen Wochen bald vorbei sein würden und ich dann wieder für einige Jahre Ruhe hätte.

Dann wurde eines Nachmittags ein großes Familienfest gefeiert. Während dieses ganzen Tages bekam ich Fatma kaum zu Gesicht, denn sie hielt sich bei den Kindern meiner Schwägerinnen auf, spielte und tobte mit ihnen herum. Als ich sie abends letztlich holen wollte, um sie ins Bett zu bringen, sagte mir meine Schwiegermutter, dass es doch das Beste sei, wenn Fatma gemeinsam mit den anderen Kindern übernachten würde. Und Fatma war davon so begeistert, dass ich schweren Herzens nachgab. Aber genau das war mein Fehler, denn als ich mein Töchterchen am nächsten Morgen bei meiner Schwägerin abholen wollte, war sie nicht da. Sie sei mit meiner Schwiegermutter zu Verwandten aufs Land gefahren und würde in ein bis zwei Tagen wieder zurück sein, wurde mir dort gesagt.

Natürlich war ich stocksauer, aber es half nichts. Yussuf sagte mir nur kurz, ich solle mich nicht so anstellen, schließlich sei Fatma bei seiner Mutter bestens aufgehoben. Innerlich war ich vollkommen aufgewühlt und nervös, aber ich versuchte trotzdem, das Beste aus dieser Situation zu machen. Ich atmete jedoch erst auf, als meine Schwiegermutter zwei Tage später zusammen mit Fatma wieder bei uns auftauchte.

Doch meine Erleichterung war keineswegs berechtigt. Fatma war leichenblass und wirkte so elend, dass sie nicht einmal alleine gehen konnte. Was war nur mit meinem Kind geschehen? War sie krank oder verletzt oder hatte sie Heimweh gehabt? Als ich zu ihr eilte und sie tröstend in die Arme nehmen wollte, zuckte sie zusammen, wimmerte und weinte, gab aber keine Antwort auf meine Fragen. Meine Schwiegermutter ließ mir ausrichten, dass das Kind nur einige Zeit das Bett hüten müsse und schon bald wieder auf dem Damm sein würde.

Noch immer begriff ich nicht, was geschehen war. Doch als ich dann Fatma – entgegen ihren schwachen Widerstand – auszog, um sie ins Bett zu bringen, bemerkte ich die blutigen Lappen an ihrem Unterleib. Fassungslos starrte ich auf mein Kind. Und langsam dämmerte mir, was mit meiner armen kleinen Tochter geschehen war: Sie war beschnitten worden!

Voller Entsetzen begriff ich erst nach und nach, was meine Schwiegermutter ihrem Enkelkind angetan hatte. Sie hatte den kleinen Körper für immer verstümmelt, in einer Grauen erregend grässlichen Weise geschändet und entehrt. Sie hatte das Vertrauen des Kindes missbraucht, seine Seele zerstört, in Stücke gehauen und . . . Ich finde keine weiteren Worte für diesen Horror.

Das erste Mal in meinem Leben drehte ich regelrecht durch. Ich war so erregt, dass ich schrie und tobte und kaum noch wusste, was ich sagte und tat. Aber Yussuf und die anderen Mitglieder seiner Familie beeindruckte das wenig, ja sie verstanden nicht einmal, was die ganze Aufregung sollte. Yussuf erklärte mir nur lapidar, dass die Frauenbeschneidung eine ganz normale Angelegenheit sei und seit Generationen in seiner Familie praktiziert würde. Außerdem wisse seine Mutter wohl am besten, was für ihre Enkeltochter das Richtige sei.

Später erfuhr ich dann, dass in Yussufs Familie tatsächlich alle Frauen beschnitten worden waren, weil dies zur Familienehre gehöre und auf diese Weise Moral und Anstand unter den Frauen herrschen würden. Meine Schwiegermutter meinte sogar, dass gerade für Fatma eine Beschneidung wichtig sei, weil sie auf diese Weise den Verführungen und der Sittenlosigkeit eines Lebens in meiner westlichen Heimat weniger schutzlos ausgeliefert sei.

Ich fasste es nicht, begriff aber langsam, dass ich mit meinen Argumenten nicht weiterkam. Außerdem, was half das alles noch! Fatmas Körper war für immer verstümmelt worden und das ist nicht wieder rückgängig zu machen. Dazu kommt noch, dass sie sich seitdem völlig verändert hat. Sie ist verstört, redet kaum und lacht überhaupt nicht mehr. Ach, meine kleine Fatma, was mag in ihr nur vorgehen! Und wer kann ihr helfen?" Anna weinte jetzt heftig.

Betroffen sah ich auf die weinende junge Frau. Was konnte ich ihr in einer solchen Situation raten? Was konnte ich sagen, um ihren Schmerz zu lindern, ohne zu lügen oder etwas zu beschönigen?

„Gott kann Ihrem Kind helfen!", begann ich vorsichtig, wurde aber sofort von einer erregten Mutter unterbrochen.

„Ja, kann er das? Kann Gott das wirklich?", rief Anna herausfordernd. „Warum hat er dann Fatma nicht beschützt, als meine Schwiegermutter mit ihrem Messer auf sie losging? Warum hat er nicht eingegriffen, als mein armes kleines Mädchen diesem Drachen wehrlos ausgeliefert war?"

Ich versuchte Anna zu beruhigen, was gar nicht einfach war, denn auch ich hatte keine Antwort auf diese Frage. Doch nach einiger Zeit versiegten Annas Tränen.

Sie sah mich aus rot geweinten Augen an und sagte resigniert: „Meine kleine Tochter vertraut niemandem mehr, nicht einmal mir, ihrer Mutter. Dabei liebe ich sie über alles und würde nie etwas tun, was ihr schadet. Aber sie glaubt, dass ich gewusst habe, was ihre Großmutter mit ihr vorhatte und dass ich sie davor nicht beschützt, sondern es zugelassen habe. Sie zieht sich innerlich von mir zurück und scheint nur noch in ihrer eigenen Welt zu leben. Heimlich war ich mit ihr schon bei mehreren Ärzten, die mir aber alle sagen, dass ihre körperlichen Wunden verheilt, vielmehr vernarbt sind, denn eine wirkliche Heilung ist nicht mehr möglich. Aber ihre Seele, ihre arme kleine Seele, die man so tief verletzt hat, die leidet immer und immer weiter und kommt nicht zur Ruhe. Was soll ich nur tun?"

Ja, was soll Anna tun? Was soll eine junge Frau tun, die einen Ehemann hat, für den diese barbarische Sitte ein ganz normaler Vorgang ist, dem seine Mutter und seine Schwestern sich ebenfalls haben unterwerfen müssen? Was soll ich einer Frau raten, die glaubt, mit ihrem Ehemann nicht mehr leben zu können, aber auch nicht ohne weiteres von ihm weggehen kann, weil sie Angst haben muss, dadurch ihr einziges Kind zu verlieren? Denn Yussuf hatte – genau wie viele andere orientalische Väter es tun – damit gedroht, Fatma für immer in seine Heimat zu bringen, wenn Anna nicht genau das tat, was er wollte.

Genau wie bei mir, fuhr es mir durch den Kopf. *Genauso wie mein Mann mir meine Kinder weggenommen hat, weil ich nicht so leben konnte, wie er es wollte, so ergeht es vielen Frauen jeden Tag. Und wer schützt sie, wer hilft ihnen, wenn sie nicht weiter wissen, wie diese junge Frau hier?*

„Kein Mensch kann Ihnen helfen! Ich kann Ihnen nicht raten, sich von Ihrem Mann zu trennen oder bei ihm zu bleiben", sagte ich. „Aber Gott kann es, denn Gott schreibt auf krummen Zeilen gerade und er kann das tun, was uns unmöglich erscheint. Wenn Sie ihn darum bitten, wenn Sie ihr Kind mit all seinen Verletzungen in Gottes Hände legen, wird er helfen und heilen. Und wenn Sie Gott vertrauen, wird er Ihnen sagen, was Sie zu tun haben."

Ich erzählte Anna, dass auch ich mich von Gott ungeliebt gefühlt habe, weil er nicht so reagiert hat, wie ich es von ihm erwartet hatte. Auch ich habe große Hoffnungen in meine Ehe mit Hussein gesetzt, habe mir sogar vorgemacht, dass sie von Gott gewollt sei und viel zu spät erkannt, dass eine Ehe zwischen einem Christen und einem Moslem nicht gut gehen kann, wenn der Glaube beider Eheleute tief und echt ist. Auch ich habe unsäglich gelitten, als meine Familie zerbrach und meine Kinder von mir weggerissen wurden. Aber war dies das Ende gewesen? Oder waren meine Leiden, waren die Jahre ohne meine Kinder nicht auch ein neuer Anfang mit Gott gewesen?

Ich weiß nicht, ob ich Anna habe helfen können. Aber wir haben gemeinsam sehr intensiv für sie selbst, für Fatma und auch für ihren Mann gebetet. Und ich will weiter zu Gott flehen, dass er die Seele des kleinen Mädchens berührt und neues Vertrauen in ihm wachsen lässt. Und dass er mit seiner Liebe besonders bei all den Frauen ist, die täglich unter der Grausamkeit ihrer herrschsüchtigen Ehemänner leiden müssen.

Karin

Durch meine seelsorgerliche Arbeit bin ich vielen Frauen begegnet, die ein ähnliches Schicksal haben wie ich. Meine Augen sehen die Dinge heute natürlich anders als vor der Entführung meiner Kinder, denn meine Erfahrungen haben mich wach und aufmerksam gemacht. Wenn ich heute Plakate an Tankstellen und Geschäften sehe, auf denen gesuchte Kinder abgebildet sind, rührt dies mein Herz tief an.

Da gibt es Fotos von zwei- und dreijährigen Jungen und Mädchen. Da steht bei einigen Kindern: „verschwunden seit . . .", oder „vom Vater entführt . . ." Und die Namen dieser Kinder sind in den meisten Fällen orientalisch.

Ich sehe diese Kinder vor mir, denn ihre Augen und ihre Haut- und Haarfarbe könnten zu meinen Kindern gehören. Und anstelle der fremden Namen könnte da Yosef oder Salem, vielleicht auch Nadiah oder Hannaa stehen.

Ich kann auch die verliebten Frauen vor mir sehen, die zwar von Müttern und Großmüttern, von besorgten Vätern, Verwandten und Bekannten immer wieder gewarnt wurden, aber doch nicht hören wollten, weil Liebe ja bekanntlich blind macht. Auch ich habe vor meiner Hochzeit alle Warnungen in den Wind geschlagen und ich sehe im Geist das Gesicht eines dieser gut aussehenden, charmanten Männer, wie auch Hussein es gewesen ist, vor mir. Ich höre, wie er einer verliebten jungen Frau Dinge verspricht, von denen dieser Mann genau weiß, dass er sie nie einhalten wird. Ich höre die zärtlichen, einschmeichelnden Stimmen, die genau das vermitteln, was einer Frau gut tut und was sie so gerne hört: „Du bist die Einzige in meinem Leben! Ich liebe nur dich!", sagt die Stimme des Mannes. Und das klingt so wunderbar ehrlich! Dabei verbietet schon die Erziehung und Denkweise einem moslemischen Mann, dass er seine Frau als so einzigartig ansieht, um sie über alles zu setzen und ihr ein Leben lang in Liebe und Treue zugeneigt zu sein. Er kennt ein solches Leben auch gar nicht, denn häufig ist seine Mutter selbst nur eine von Vielen für seinen Vater gewesen, und seinen Schwestern und Schwägerinnen ergeht es ähnlich.

Wir würden diese *fremde Denkweise* ganz einfach als Lüge bezeichnen. Aber im Islam, wo die Lüge elegant als *Kusine der Wahrheit* umschrieben wird, darf man sie ruhig hier und da benutzen, und im Umgang mit einem Nicht-Moslem erst recht. So wird aus zarter Liebe oft ein tiefes, dramatisches Leid! So werden Frauen gezwungen, mit einer Lebenslüge zu leben! Und viele zerbrechen daran.

Wie zum Beispiel Karin, eine kleine, lebhaft wirkende Frau. Karin kam nach einem Vortrag zu mir und wollte mit mir ein vertrauliches Gespräch führen. Sie erzählte mir von Achmed, ihrem Ehemann, der einen gut bezahlten Job mit viel Verantwortung in einer großen Firma hat.

„Als wir uns kennen und lieben lernten, hat er mir unsere gemeinsame Zukunft in den rosigsten Farben ausgemalt", erzählte Karin ihre Geschichte. „Für ihn war ich die einzige Frau auf der ganzen Welt, die ihn glücklich machen konnte und die ihn verstand. Er war so aufmerksam und charmant, überschüttete mich mit Komplimenten, verwöhnte mich mit Blumen und kleinen Geschenken und tat alles Mögliche, um mir Freude zu machen. Natürlich verfehlte das seine Wirkung nicht und schon bald war ich rettungslos in Achmed verliebt. Ich sehnte mich nach seiner Zärtlichkeit und Leidenschaft und wollte nur noch mit ihm zusammen sein.

Es schien alles perfekt. Das Einzige, was mich an unserer Beziehung ein wenig störte, war Achmeds Zugehörigkeit zum Islam, denn ich war überzeugte Christin und arbeitete in meiner Kirchengemeinde aktiv mit. Aber ich nahm an, dass dies mit der nötigen Toleranz auf beiden Seiten kein Problem darstellen dürfte. Doch als ich meinen Bekannten und Freunden von Achmed erzählte, warnten sie mich, hielten mir sogar abschreckende Beispiele vor Augen und baten mich immer wieder, meine Entscheidung, Achmed zu heiraten, nicht in die Tat umzusetzen. Auch meine Eltern reagierten so. Ich wollte jedoch auf niemanden hören, denn ich war fest davon überzeugt, dass es zwischen mir und Achmed ganz anders sein würde als bei den vielen anderen Paaren, die wegen ihrer religiösen und kulturellen Unterschiede so unglücklich geworden waren. Und da wir uns versprochen hatten, immer offen über alles zu reden, erzählte ich Achmed von diesen Gesprächen.

Achmeds Reaktion bestärkte mich dann nur noch mehr in meiner Absicht, ihn trotz dieser äußeren Widerstände zu heiraten. Ja, er schien wirklich ganz anders zu sein als alle anderen, denn er lachte nicht über meine Ängste oder wischte sie einfach beiseite. Nein, Achmed versprach mir bei allem, was ihm heilig war, dass ich in unserer Ehe mein Christsein ungehindert weiter praktizieren könne und dass auch unsere zukünftigen Kinder dies ohne Einschränkungen tun dürften. Er bot mir sogar an, mir dafür eine schriftliche Erklärung zu geben, wenn ich kein Vertrauen zu ihm hätte.

Nun sagen Sie mal als Frischverliebte dem Objekt Ihrer Zuneigung, dass Sie kein Vertrauen zu ihm haben! Ich jedenfalls konnte es nicht! Und da ich blind und taub vor Liebe war, glaubte ich Achmed alles, was er sagte.

Doch bereits kurz nach unserer Hochzeit begann sich das Blatt langsam zu wenden. Aus dem zuvorkommenden, liebevollen Partner wurde ein ständig fordernder Ehemann, der alles bestimmte, was zu geschehen hatte. Zuerst dachte ich mir nicht viel dabei, denn ich glaubte, dass dies zu den normalen kleinen Machtkämpfen gehörte, die nun mal in den meisten Ehen ausgefochten werden mussten, bis jeder seinen eigenen Wirkungsbereich erobert hatte. Aber je mehr ich versuchte, mich gegen Achmed durchzusetzen, umso bedrängender wurde er. Ja, er ging sogar so weit, dass er mich ohrfeigte, wenn er nicht zum Ziel kam. Deshalb wurde ich dann auch mit der Zeit sehr vorsichtig und hielt mich immer mehr zurück.

Als schließlich unser erstes Kind unterwegs war, wurde Achmed wieder etwas zugänglicher. Doch als wir kurz vor der Geburt gemeinsam einen Namen für es festlegen wollten, bestand er plötzlich darauf, dass nur ein arabischer Name in

Frage käme. Ich erinnerte ihn daraufhin an sein Versprechen, unsere Kinder christlich erziehen zu dürfen und hielt ihm vor Augen, dass ein islamischer Name in einer christlichen Umgebung für das Kind bestimmt nicht sehr förderlich sein würde. Daraufhin schlug Achmed wieder zu und dieses Mal sehr heftig.

Mein Widerstand erlahmte und so erhielt unser erster Sohn seinen islamischen Namen nach Achmeds Vater. Um mich zu beruhigen, versprach Achmed mir gleichzeitig, dass weitere Kinder durchaus Namen nach meiner Wahl haben könnten. Aber natürlich war auch dies wieder gelogen, denn als nach weiteren zwei Jahren unser nächstes Kind, wieder ein Sohn, geboren wurde, bekam er erneut nach Achmeds Willen einen islamischen Namen.

Von dieser Zeit an wurde unsere Beziehung immer schlechter. Achmed verbot mir jede Betätigung in meiner Kirchengemeinde, ja selbst meine Anwesenheit im Sonntagsgottesdienst war jetzt nicht mehr möglich. Eine christliche Erziehung für unsere Kinder wurde mir strikt untersagt, und wenn er mich zu Hause beim Bibellesen oder Beten erwischte, setzte es Prügel, die immer brutaler wurden. Ich wusste, dass ich diesen Zustand nicht lange ertragen konnte, doch als ich schließlich gegen Achmed aufbegehrte, erklärte er mir ganz unmissverständlich, dass er mir meine beiden Kinder wegnehmen und für immer in seine Heimat bringen würde, wenn ich etwas gegen ihn unternahm oder auch nur jemandem von den Vorgängen in unserer Familie erzählen würde.

Können Sie sich vorstellen, wie sehr ich unter dieser Situation litt und heute noch leide? Denn es hat sich nicht gebessert. Im Gegenteil, ich werde inzwischen fast täglich von meinem Mann verprügelt und kann nichts dagegen unternehmen. Ja, ich darf nicht einmal mit jemandem über meine Lage sprechen. Sogar meine Eltern wissen nichts über die Vorgänge, denn ihnen gegenüber muss ich die zufriedene, viel beschäftigte Ehefrau spielen, die sie nur deshalb so selten besucht, weil sie in der eigenen Familie genug zu tun hat. In Wirklichkeit schäme ich mich, weil Achmeds Misshandlungen nicht immer spurlos an mir vorübergehen, und ich befürchte, dass meine Eltern die Wahrheit erkennen und etwas gegen ihn unternehmen könnten.

Und meine Kinder? Ach, ich weiß nicht, ob sie inzwischen nicht auch schon wissen, was bei uns zu Hause passiert. Die beiden sind jetzt acht und zehn Jahre alt und sehen mich oft so merkwürdig scheu und ängstlich an. Aber sie sagen und fragen nichts und ich bringe es nicht übers Herz, diesen beiden kleinen Jungen zu erzählen, dass ihr Vater mich misshandelt und dass ich das alles stillschweigend ertrage, nur um sie nicht zu verlieren! Soll ich denn meine Kinder mit in mein Elend ziehen, ihnen dadurch vielleicht sogar Schuldgefühle und Ängste aufdrücken? Ich weiß einfach nicht weiter. Was soll ich nur tun?"

Karins Gesicht war nun schneeweiß vor Anspannung. In ihren Augen flackerte ein unruhiges Licht, aber sie weinte nicht und wirkte äußerlich völlig ruhig. Ja, sie kannte ihre Rolle gut, sie hatte gelernt, sich zu beherrschen, damit niemand dahinter kam, was für Qualen sie durchmachte. Sie verstellte sich, um ihren brutalen Ehemann nicht noch mehr herauszufordern und die Gefahr, ihre Kinder zu verlieren, einigermaßen gering zu halten. Aber wie lange würde sie ein solches Leben noch durchhalten? Und zu welchem Preis?

Als hätte sie meine Gedanken geahnt, murmelte Karin: „Wenn meine Söhne erst mal älter sind, wenn sie volljährig sind und selbst entscheiden können, wo sie leben wollen, dann . . .!"

Ja, was dann? Würde Karin sich dann endlich von ihrem Mann trennen können oder würden dann neue Drohungen und Erpressungsversuche fällig? Und würde sie bis dahin die Kraft aufbringen, ihrem Glauben an den einen allmächtigen Gott treu zu bleiben, auch wenn sie diesen nach außen hin nicht leben darf?

„Trotz allem lasse ich mich nicht von Gott abbringen!", sagte Karin fast trotzig auf meine Frage. „Achmed kann mir zwar die Gottesdienstbesuche verbieten und meine Bibel in Stücke reißen. Aber das, was da in mir ist, ganz tief in meinem Herzen verborgen, das kann er mir nicht nehmen. Denn da ist mein Vertrauen auf einen gnädigen Gott, der mein Elend sieht und mich nicht im Stich lässt, auch wenn das im

Moment so aussieht. Und Achmed kann zum Glück nicht verhindern, dass ich meine Gedanken still auf Gott richte und Tag und Nacht zu ihm bete."

Anschließend an unser Gespräch falteten wir beide unsere Hände und flehten Gott um Hilfe für diese geschundene Ehefrau an. Und Karin konnte am Schluss sogar dafür danken, dass Gott ihr die Kraft geschenkt hatte, trotz all ihrer Nöte niemals aufzugeben.

Bitte, himmlischer Vater, steh allen Karins dieser Erde bei!

Mehmet

Ich habe Hunderte solcher Beispiele gehört, in denen zum größten Teil die Frau die Benachteiligte war. Wie viele dieser Geschichten habe ich schon mitbekommen, ohne jedoch wirklich helfen zu können. Denn was soll ich einer jungen Mutter raten, die um ihre Kinder bangt und deshalb nicht weiß, was sie tun soll? Soll ich ihr sagen, dass es für sie das Beste ist, sich von ihrem Ehemann zu trennen, wo ich doch aus eigener Erfahrung weiß, dass der islamische Ehemann keinen Augenblick zögern wird, seine Drohungen wahr zu machen, der Mutter ihre Kinder für immer wegzunehmen?

In vielen Gesprächen mit Betroffenen habe ich erfahren, dass es aus diesen oder ähnlichen Gründen Frauen gibt, die sich ihren Männern nicht widersetzen, sondern sich so nach und nach unterordnen und anpassen. Einige dieser Frauen schilderten mir, dass die erste Krise in ihrer Ehe oft mit einer winzigen Kleinigkeit begonnen hatte. Plötzlich mochte der Ehemann die Kleidung seiner Frau nicht mehr, und weil es in seiner Kultur einer Frau verboten war, Hosen zu tragen, verzichtete sie dann natürlich ihm zuliebe darauf. Außerdem beruhigte sie sich selbst anschließend damit, dass durch eine solche Äußerlichkeit die Harmonie ihrer Ehe nicht gestört werden dürfe. Aber dann ging es weiter. Koch- und Essgewohnheiten, Kleidung, Kopfbedeckung, ja der ganze Lebensstil wurde mitten im Heimatland der Frau Schritt für Schritt dem Islam angepasst.

Und die jungen Ehefrauen lassen dies zu, weil sie ihre Männer lieben und sie nicht enttäuschen wollen, oft aber auch, weil sie ganz einfach Angst davor haben, sich ihre eigene Täuschung einzugestehen. Hinzu kommt, dass die Männer ihre Frauen nach und nach von ihrer heimatlichen Familie abtrennen, um auf diese Weise mehr Einfluss auf sie ausüben zu können. Die Ferien werden dann in der Heimat des Mannes geplant und die junge Frau hat natürlich nicht das Herz, ihrem Mann dies zu verwehren, weil sie sein Heimweh nur zu gut verstehen kann. Doch wenn sie dann dort ist und spürt, dass sie kaum noch sie selbst sein darf, kann sie die fremde Welt nicht mehr ertragen, sehnt sich mit allen Fasern ihres Herzens nach Hause zurück und spürt später enttäuscht, dass es eigentlich kein wirkliches Zuhause mehr für sie gibt, weder hier noch dort.

So lebt sie in einem Strudel der Enttäuschungen, der sie immer schneller zu verschlingen droht. Denn auf diese Weise wird in vielen kleinen Schritten aus einer freien, westlichen Frau eine gezwungene, angepasste Moslemin. Sie wird zu einer Dienerin Allahs, ohne es zu wollen!

Von mehreren Frauen wurde mir außerdem übereinstimmend berichtet, dass es in einigen Städten eine Art Spionagenetz für Ehefrauen gibt. Die dazu gehörenden „Spione" haben es sich zur Aufgabe gemacht, die deutschen Ehefrauen eines moslemischen Mannes auf Schritt und Tritt zu beobachten. Sie wissen genau, wohin sie gehen, was sie tun und mit wem sie sich treffen. So kann sich der Ehemann jederzeit davon überzeugen, was seine Frau tut, ohne ihr vertrauen zu müssen. Was für eine Partnerschaft!

Aber es sind nicht nur die Frauen, die leiden, sondern häufig auch die Kinder. Sie bekommen die Spannungen mit, fühlen sich zwischen den Elternteilen und der verschiedenartigen Kultur hin und her gerissen und wissen am Ende gar nicht mehr, wohin sie gehören.

Da ist zum Beispiel Mehmet, ein junger Mann arabischer Abstammung. Mehmet war ungefähr zwanzig Jahre alt, als ich ihm begegnete. Er hatte ein ebenmäßig hübsches Gesicht, in dem dunkle Augen lebhaft, aber auch zornig funkelten. Mit starkem Akzent und einem harten, aggressiven Unterton erzählte Mehmet von seinem Schicksal:

„Meine Mutter ist Deutsche und mein Vater Araber. Und das hat dazu geführt, dass ich nirgendwo hingehöre, denn ich bin ein Gemisch aus verschiedenen Kulturen und Religionen!“ In Mehmets Stimme war ein derart bitterer Unterton, dass ich gleich merkte, dass dies keine leicht dahin gesagte Bemerkung war, und in seinem Gesicht war auch kein Lächeln, als er mit seiner Geschichte fortfuhr: „Die ersten Jahre meines Lebens habe ich in Deutschland verbracht. Mein Vater ist ein hochgebildeter, intellektueller Mann, der heute eine leitende Stellung an einer deutschen Universität hat. Meine Mutter ist Christin und hat sich redlich darum bemüht, mich in diesem Sinne zu erziehen. Aber sie war meinem Vater einfach nicht gewachsen, denn so lange ich zurückdenken kann, hat er ihr Schwierigkeiten gemacht. Schon als ganz kleiner Junge habe ich mitbekommen, wie schlecht er sie behandelt, sie unterdrückt, beschimpft und sogar geschlagen hat, wenn sie nicht das tat, was er wollte. Und wenn ich mich auf ihre Seite stellte, weil ich sie von ganzem Herzen liebte, erging es mir ebenso.

Als ich acht Jahre alt war, zerbrach die Ehe meiner Eltern völlig. Ich weiß nicht, was damals zwischen ihnen geschehen ist, jedenfalls brachte mich mein Vater eines Tages ohne jede Vorwarnung zu meinen Großeltern nach Syrien. Auf dem Weg dorthin erklärte er mir, dass meine Mutter nichts mehr von mir wissen wolle, weil sie vorhabe, ein neues Leben anzufangen und ich ihr dabei nur im Weg sei. Er versprach mir aber, dass ich nur vorübergehend bei meinen Großeltern leben müsse und dass er mich sofort wieder nach Deutschland zurückholen würde, sobald die Angelegenheiten zwischen ihm und meiner Mutter geregelt seien. Natürlich würde er mich in der Zwischenzeit so oft wie möglich besuchen.

Es war furchtbar für mich! Ich wurde in eine völlig fremde Welt gestoßen, in der nichts so war, wie ich es kannte. Meine Großeltern, die in einer Kleinstadt irgendwo tief im Landesinnern lebten, hatte ich zuvor noch nie gesehen. Ich verstand weder ihre Sprache noch ihre Lebensart, wusste nichts über ihre Religion oder ihre Sitten und Gebräuche. Kurzum, ich fand es grauenhaft bei ihnen und wartete nur darauf, dass mein Vater zurückkam, um mich zu sich zu holen. Aber ich hörte und sah nichts von ihm und je länger es dauerte, umso trauriger wurde ich.

Nachts weinte ich heimlich und sehnte mich zutiefst nach meiner Mutter, nach meinen Schulkameraden, nach meinem Zuhause, einfach nach allem, was in den ersten Jahren meiner Kindheit so wichtig und vertraut für mich gewesen war. All das erschien mir jetzt für immer verloren zu sein und damit wollte ich mich nicht abfinden. ‚Nein', sagte ich mir ständig. ‚Nein! Irgendwann wirst du zurückgehen, ob mit oder ohne die Hilfe deines Vaters. Du wirst alles tun, um das möglich zu machen.'

Mit der Zeit lernte ich natürlich die Landessprache, wenn auch nur leidlich, denn irgendwie war ich nicht motiviert, mich in diesem Land anzupassen und die Leute kennen zu lernen; schließlich wusste ich doch genau, dass ich nur vorübergehend in dieser feindlichen Fremde war. Mit diesen Gedanken ging ich auch zur Schule, wo ich dann natürlich nur sehr schlecht mitkam. Immer und überall hatte ich ständig im Kopf: *nach Hause, du fährst bald wieder nach Hause.*

Tag und Nacht wartete ich auf den Besuch meines Vaters oder wenigstens auf eine Nachricht von ihm. Aber nichts kam. Und wenn ich meine Großeltern nach ihm fragte, zuckten sie nur die Achseln oder gaben mir fadenscheinige Antworten. Irgendwann – ich war noch ein Kind – begriff ich dann endlich, dass ich nicht auf die Hilfe eines dieser Erwachsenen hoffen konnte, sondern ganz auf mich selbst gestellt war, wenn ich nicht für immer in diesem ungeliebten Land bleiben wollte.

Von da an nahm ich alle möglichen Gelegenheitsarbeiten wahr, natürlich nur gegen Bezahlung, und sparte jede kleine Münze, die ich ergattern konnte. Und weil dies nicht genug einbrachte, begann ich zu stehlen und zu betrügen, wo immer ich eine Gelegenheit fand. Dabei hatte ich nicht einmal ein schlechtes Gewissen, brachte es mich doch meinem ersehnten Ziel wieder ein Stückchen näher.

Es dauerte dann doch Jahre, bis ich so viel Geld zusammen hatte, dass ich mein Vorhaben in die Tat umsetzen konnte. Ich war darüber zwanzig Jahre alt geworden, bis ich so viel Geld zusammengestohlen und ergaunert hatte, dass ich die Flucht nach Deutschland wagen konnte. Tatsächlich gelang es mir dann auf höchst abenteuerliche Weise und großen Umwegen, in meine alte Heimat zurückzukommen und nach längerer Suche auch meinen Vater wieder zu finden.

Noch heute sehe ich das Gesicht meines Vaters vor mir, als ich so plötzlich bei ihm auftauchte. Da war nicht das geringste Anzeichen von Freude oder Zuneigung, da war nichts als eiskalte Ablehnung. Dennoch wagte ich es, ihn um Hilfe zu bitten, denn schließlich war ich doch sein Sohn. Aber mein Vater lehnte schlichtweg ab, mir zu helfen, und erklärte mir nur kühl, dass er inzwischen wieder verheiratet sei und keinerlei Interesse mehr an mir habe.

Schlagartig wurde mir klar, dass mein Vater mich damals nur benutzt hatte, um meine Mutter zu verletzen. Ja, um sich an seiner Frau zu rächen, die nicht mehr mit ihm leben konnte oder wollte, hat er mich brutal aus meiner Heimat gerissen und mich an einen Ort gebracht, wo ich ein Fremder unter Fremden war. Er hat mir meine Familie, meine Freunde und meine Heimat genommen, denn heute fühle ich mich auch hier in Deutschland nicht mehr zu Hause. Er hat meine Zukunft zerstört und dafür hasse ich ihn; ich hasse ihn abgrundtief. Dieser Hass hält mich am Leben, denn was sollte ich sonst noch hier auf dieser Welt, wo mich doch sowieso niemand will!" Mehmets Stimme vibrierte vor verhaltenem Zorn.

„Und deine Mutter?" fragte ich leise. „Hast du sie wieder gesehen?"

„Nein", erwiderte er zögernd. „Ich habe zwar ein paar Mal begonnen, nach ihr zu suchen, habe es dann aber schnell wieder aufgegeben. Ich glaube, ich habe einfach Angst, dass ich mit ihr die gleiche Enttäuschung erleben könnte wie mit meinem Vater. Vielleicht hat sie mich ja damals wirklich nicht mehr gewollt. Vielleicht ist sie inzwischen auch wieder verheiratet und hat womöglich noch andere Kinder bekommen. Und dann komme ich bei ihr an und störe ihr neues Familienglück! Nein, das kann ich ihr und mir nicht antun!"

Armer missbrauchter Mehmet! Was für eine Schuld hat dein Vater auf sich geladen! Du hast durch seinen brutalen Machtkampf nicht nur die Mutter und die Heimat verloren, sondern wurdest durch deinen Hass auch noch lebensuntüchtig gemacht und kannst niemandem mehr vertrauen. Wer kann dir jetzt noch helfen?

Natürlich ist mir klar, dass Gott auch diesem hasserfüllten jungen Mann helfen kann, einen guten Lebensweg zu finden. Aber was konnte ich ihm sagen? Welche Worte konnte ich finden, um sein Innerstes zu erreichen, ohne sein Misstrauen noch mehr zu schüren?

Ich schickte ein Stoßgebet zum Himmel, bevor ich sagte: „Such deine Mutter, Mehmet, und finde heraus, was damals wirklich geschehen ist! Denn ich glaube nicht, dass sie dich freiwillig verlassen hat, weil sie ein neues Leben anfangen wollte. Wahrscheinlich hat dein Vater dich ohne ihre Zustimmung weggebracht und sie weiß nicht einmal, was aus dir geworden ist. Wenn du sie nicht suchst, wirst du niemals wirklich zur Ruhe kommen. Bestimmt hat deine Mutter in all den Jahre genauso gelitten wie du, denn glaube mir, Mehmet, für eine Mutter ist das Leben ohne ihre Kinder eine riesige Qual, die sie nur mit Gottes Hilfe und durch eine feste Beziehung zu ihm ertragen kann. Ich lebe nun seit über sechs Jahren ohne meine Kinder und habe nur gelegentlich telefonischen oder brieflichen Kontakt mit ihnen. Aber ich würde vor Freude jubeln, wenn eines von ihnen morgen plötzlich vor mir stünde! Und vielleicht kannst du dann auch eines Tages deinem Vater vergeben und aufhören ihn zu hassen!"

Mehmet schüttelte ablehnend den Kopf und murmelte ein paar Worte, die besagten, dass er seinen Vater bis an sein Lebensende hassen würde. Aber ich weiß, dass Gott auch diesem zutiefst verletzten jungen Menschen helfen kann, wenn er es zulässt. Und genau darum will ich Gott bitten.

Ich weiß nicht, ob Mehmet seine Mutter gefunden hat und ob er inzwischen zur Ruhe gekommen ist. Aber trotz der vielen leidvollen Berichte und dem großen Leid, das ich selbst in den letzten Jahren erlebt habe, durfte ich immer wieder erfahren, dass Gott auf krummen Zeilen gerade schreibt, dass er heilt und segnet und für jeden von uns einen guten Lebensweg bereithält.

Liebe Leser,

sollten Sie sich nach der Lektüre dieses Buches näher für die Arbeit der Jesu-Weg-Schwestern oder für das Seminarangebot in Schloss Craheim interessieren, so können Sie unter der folgenden Adresse Informationsmaterial anfordern:

Ökumenisches Lebenszentrum
für die Einheit der Christen
Schloss Craheim
97488 Stadtlauringen–Wetzhausen
Tel.: 0 97 24/91 00-0
Fax: 0 97 24/91 00-55

EINE MITREISSENDE AUTOBIOGRAPHIE!

Helga Mösle:

UND KEINER HÖRT MEIN SCHREIEN

Eine Frau durchleidet die dramatischen Folgen einer ärztlichen Fehlbehandlung

Helga Mösle führt ein Bilderbuchleben: Sie ist hübsch, beruflich erfolgreich, glücklich verheiratet und stolze Mutter von zwei süßen Töchtern. Doch plötzlich wird ihr Leben von einem lebensgefährlichen Asthmaanfall überschattet. Von heute auf morgen ist die lebenslustige Frau ein Pflegefall.

Doch das ist erst der Anfang ihres unglaublichen Leidenswegs. Im Kampf um ihr Leben greifen die Ärzte zu immer höheren Dosen des umstrittenen Medikaments Cortison – mit schrecklichen Folgen: Die junge Frau verliert ihr Erinnerungsvermögen und jeden Realitätsbezug, bis schließlich eine Einweisung in die Psychiatrie unumgänglich scheint. Dort erlebt sie die Hölle auf Erden.

Nur mit Hilfe ihrer Familie und Freunde, die beharrlich um sie kämpfen, und ihres tiefen Glaubens an Gott, der ihr immer wieder Kraft gibt, erlebt sie schließlich innere und äußere Heilung.

Paperback, 220 Seiten plus 8 Seiten Bildteil
Bestell-Nr. 815 502